PARA ENTENDER
O MUNDO FINANCEIRO

Paul Singer

PARA ENTENDER
O MUNDO FINANCEIRO

Copyright© 2000 Paul Singer
Todos os direitos desta edição reservados à
Editora Contexto (Editora Pinsky Ltda.)

Coordenação editorial
Daisy Barreta

Revisão
Ana Luiza França

Projeto de capa
Isabel Carballo

Dados Internacionais de Catalogação na Publicação (CIP)
(Câmara Brasileira do Livro, SP, Brasil)

Singer, Paul. 1935-
Para entender o mundo financeiro / Paul Singer. – 2. ed. –
São Paulo : Contexto, 2023.

ISBN 978-85-7244-133-9

1. Capitalismo 2. Crises financeiras 3. Finanças
4. Finanças internacionais 5. Instituições financeiras
6. Política monetária I. Título

00-0108   CDD-332

Índice para catálogo sistemático:
1. Finanças : Economia   332

2023

EDITORA CONTEXTO
Diretor editorial: *Jaime Pinsky*

Rua Dr. José Elias, 520 – Alto da Lapa
05083-030 – São Paulo – SP
PABX: (11) 3832 5838
contato@editoracontexto.com.br
www.editoracontexto.com.br

Proibida a reprodução total ou parcial.
Os infratores serão processados na forma da lei.

Para Helena Singer e Marcelo Justo.
Pelo amor, pela amizade e
pela colaboração inestimável a este livro.

Prefácio

Apesar de misterioso e assustador, todos nós freqüentamos o mundo das finanças do mesmo modo que freqüentamos o dos sonhos, os que sonhamos acordados, fazendo projetos para o futuro. Desde que temos noção da passagem do tempo, que aprendemos a distinguir passado de futuro, este último povoa nossas mentes. Sabemos que temos um futuro e que este futuro será, de alguma forma, construído por nós. Ter planos para o futuro norteia nossas vidas, confere sentido e propósito a nossas decisões.

O velho Marx achava que o traço que distingue o trabalho humano da atividade instintiva dos animais era exatamente esta capacidade de sonhar acordado, de construir na mente projetos antes de concretizá-los na realidade.

Uma aranha realiza operações que se assemelham às do tecelão e uma abelha envergonha alguns mestres-de-obras humanos com a construção de seus favos de cera. Mas o que distingue de início o pior dos mestres-de-obras da melhor abelha é que ele construiu o favo na sua cabeça antes de construí-lo em cera. No fim do processo de trabalho surge um resultado que no início do mesmo já existia na *imaginação do trabalhador*, portanto já tinha existência *ideal*.*

Na sociedade capitalista, os futuros individuais dependem de projetos sociais, a grande maioria sonha com futuros que só podem se realizar se houver apoio, favorecimento, ajuda, compartilhamento, participação de outros. Isso vale para a mocinha que sonha casar e ter filhos, para o rapaz que almeja cursar a universidade, para o

---

* Karl Marx, *Das Kapital. Kritik der politischen Ökonomie*, Berlim, Dietz Verlag, 1959, vol.1, p.186 (tradução própria).

político que pretende disputar eleições, para o pequeno empresário que sonha com o grande prêmio da loteria para poder pagar suas dívidas. Cada um procura realizar seu sonho mediante a conquista da confiança dos outros, cujo apoio lhe parece indispensável. O mundo financeiro surge como a arena em que os projetos de muitos disputam a confiança e o apoio dos demais. Confiança e apoio que tomam em geral a forma de empréstimo de dinheiro, de *crédito*. No relacionamento econômico cotidiano, cada um solicita crédito e é solicitado. Só as pequenas transações são liquidadas a vista e portanto dispensam relações de confiança entre os envolvidos. Quando se aluga uma moradia, se entra num emprego ou se "paga" uma compra com cheque ou cartão de crédito, é imprescindível que haja crédito, que o locador, o empregado e o vendedor confiem no inquilino, no empregador e no comprador, pois entre prestação e contraprestação decorre um intervalo de tempo, que implica a possibilidade de que a contraprestação não se verifique.

Portanto, todos nós participamos do mundo financeiro à medida que estamos dando e recebendo crédito quase todo dia. Esta é a pequena finança ou finança corriqueira, que está tão bem incorporada à nossa rotina que nem sequer a percebemos como algo distinto em nosso comportamento econômico. Há, por outro lado, a grande finança, o financiamento de inversões industriais, comerciais ou tecnológicas, as fusões de multiempresas e a cisão de outras, as oscilações do valor das ações nas bolsas de valores, a fixação de nova taxa básica de juros pelo banco central, o lançamento de novos fundos de investimento, de novas loterias, de novas modalidades de seguro e assim por diante.

A pequena finança e a grande finança convivem e interagem no mundo financeiro. Quando movimentamos nossas contas bancárias ao depositar o salário ou pagar a escola das crianças estamos criando ou destruindo *ativos financeiros,* formas de riqueza fictícia que lastreiam as operações da grande finança. Nossa renda não gasta imediatamente, ou seja, nossa poupança, depositada num banco ou caderneta de poupança, serve para tornar o sonho de alguém – que possui crédito – possível. Para ter crédito junto a bancos e outros intermediários financeiros é preciso poder dar garantias, portanto é necessário ter propriedades ou obter a confiança de alguém que as tenha e que avalize o seu pedido de crédito.

8

No capitalismo, só os sonhos dos ricos têm vez no mundo financeiro. Os não-ricos com sua poupança viabilizam (sem saber) os sonhos de alguns ricos. O fato é que há muito mais sonhos à procura de crédito do que ativos financeiros para viabilizá-los. No mundo prosaico dos negócios não se fala de sonhos mas de projetos e o esforço dos aspirantes a crédito é de realçar suas características racionais, suas probabilidades bem calculadas de êxito. Não obstante, cada projeto não passa dum sonho, duma construção de espírito, como o favo na cabeça do pior dos mestres-de-obras de Marx.

O mundo financeiro é o lugar em que confluem os rendimentos não utilizados pelos que sabem que não tendo riqueza não têm chance de obter crédito para realizar os seus próprios sonhos; e os projetos dos que têm posses que podem funcionar como garantias. As poupanças da sociedade estão concentradas nas mãos de grandes bancos e fundos, cujo trabalho consiste em examinar pedidos de crédito, reunir informações que permitam analisá-los, avaliar suas chances de sucesso e os riscos de que malogrem. Ao final de cada dia, alguns projetos são financiados, outros são recusados, outros ainda são objetos de mais negociações.

Mas é preciso olhar o mundo financeiro também dum outro ângulo, o das necessidades objetivas da economia capitalista. Esta produz valor, que é distribuído entre trabalhadores, capitalistas e governos. Uma parte deste valor tem que ser acumulado, ou seja, convertido em nova capacidade produtiva. A acumulação de capital exige financiamento simplesmente porque seria oneroso demais transacionar os meios de produção todos à vista. A economia capitalista exibe dinamismo exatamente porque os detentores de capital se dispõem a correr riscos, a apostar no futuro. Sem projetos, o único investimento que haveria seria para repor a capacidade produtiva inteiramente desgastada.

O capitalismo, como a história o revela, é também uma fábrica de sonhos, tanto empresariais como políticos, culturais, científicos... O mundo financeiro, exatamente por lidar com sonhos, assume uma feição de extrema racionalidade, prudência, ceticismo, cuidado e previdência. O banqueiro tem que inspirar confiança antes de mais nada aos depositantes. Estes correriam a sacar seus haveres se suspeitassem de que seu dinheiro estava sendo repassado a sonhadores, a solicitantes de crédito cujos projetos podem dar certo ou não.

Por suposto, o banqueiro, assessorado por especialistas e vastos bancos de dados, tem capacidade para distinguir projetos-realidade dos projetos-sonho, premiando os primeiros com os recursos confiados a sua guarda e rejeitando os últimos.

Tudo indica que as aparências são enganadoras. No capitalismo, todos os projetos são sonhos porque em mercados competitivos todos os agentes agem com autonomia e guardam segredo sobre seus projetos. Não há nem pode haver coordenação entre eles. Não obstante, o êxito de cada projeto a ser financiado depende de que projetos, que lhe são complementares, também obtenham crédito e que projetos, que concorrem com ele, não o obtenham. Mas o "banqueiro", com toda sua assessoria, não tem a informação relevante. Ele não sabe que outros projetos estão sendo aceitos ou recusados. Por isso, ao conceder créditos a certos projetos, o "banqueiro" dá um salto no escuro, banca uma aposta no futuro, que ele pode ganhar ou perder.

O mundo financeiro é regido pela lei do acaso. Alguns sonhos conquistam crédito, recebem da sociedade, na pessoa do intermediário financeiro, licença para tentar se tornar realidade. Outros sonhos continuam sendo sonhados. Os sonhos tornados projetos viram novas empresas, novos produtos, novas técnicas ou novas candidaturas, novas pesquisas tecnológicas, novos filmes ou peças de teatro. Na medida em que se agregam ao mundo econômico ou político real, geram empregos, mercadorias, rendas, impostos. E desta forma se viabilizam reciprocamente. Um único sonho tornado projeto dificilmente teria espaço econômico para conquistar clientela. Uma massa de projetos amplia a economia de mercado, e ao distribuir renda a numerosos agentes cria clientela para os novos projetos.

Há boas razões para crer que, quanto mais sonhos ganham permissão social para se realizar como projetos, tanto mais deles têm sucesso. Ora, o número de sonhos premiados pelos banqueiros depende essencialmente do seu maior otimismo ou pessimismo quanto ao futuro. É claro que um bom número de sonhos improváveis, que se baseiam em pressupostos pouco confiáveis, são rejeitados pela análise técnico-financeira do banco. Mas sempre sobram muitos sonhos que apresentam boas chances de sucesso, mesmo porque os mais ambiciosos são apresentados por grandes empresas que possuem sua própria assessoria de alto nível. O número de projetos considerados viáveis que são efetivamente financiados depende não só do montante de poupança disponível mas da predisposição subjetiva do "banqueiro" de correr mais ou menos riscos.

Se o "banqueiro", como representação de todos os intermediários financeiros, estiver disposto a correr mais riscos ele tem a possibilidade de expandir o valor dos créditos a serem concedidos. Esta é uma das qualidades mais importantes e mais enigmáticas do mundo financeiro. É que o ativo financeiro pode ser multiplicado pela alavancagem, ou seja, pelas transações financeiras entre os próprios intermediários. De modo que, quando o "banqueiro" vê o mundo com lentes róseas, convicto de que no futuro a economia vai crescer etc., ele estende crédito a mais sonhos e com isso ele aumenta as chances de todos de dar certo. O "banqueiro" tem o poder misterioso de tornar realidade suas antevisões. Ao multiplicar os ativos financeiros e acelerar a acumulação do capital, o "banqueiro" faz com que efetivamente a economia cresça e que pouquíssimos projetos financiados malogrem.

Neste ponto, o leitor teria todo o direito de perguntar: "Então por que os intermediários não ficam sempre otimistas, transformando o máximo de sonhos em projetos e fazendo com que a maioria deles dê certo?" Há várias razões. Uma é que o otimismo no mundo financeiro é contagioso e auto-acelerador. Ele dá lugar a alta dos valores e a um descolamento deles da economia real. Em algum momento a distância entre o mundo virtual das finanças e o mundo das mercadorias que têm valor de uso se torna excessiva. A crença no futuro entre os aplicadores financeiros desaba, muitos tentam converter seus ativos financeiros em reais, o que só se torna possível através da desvalorização dos primeiros. O *boom* se transforma em crise, o otimismo vira pessimismo e o "banqueiro" reduz drasticamente o número de sonhos que ele se dispõe a financiar.

Outra razão é que a alta financeira é algumas vezes interrompida por mudanças políticas, internas ou externas ao país. Os intermediários financeiros são muito sensíveis a ameaças políticas, verdadeiras ou supostas, a seus interesses. Algumas vezes basta a morte dum mandatário ou o apoio popular a alguma candidatura vista como hostil para que o otimismo do "banqueiro" se evapore.

Outras vezes, o estouro duma crise financeira em outro país contagia o banqueiro, levando-o a encolher o crédito. Em todos estes casos, a descrença no futuro acaba se justificando. Quando a maior parte dos sonhos é recusada pelo "banqueiro" a economia deixa de crescer e os poucos projetos financiados correm grande risco de fracassar. O malogro dos projetos reforça o pessimismo do "banqueiro", tornando-o ainda menos propenso a arriscar os fundos que lhe foram confiados em novos sonhos, os quais são substituídos nas mentes dos empresários pelo pesadelo da inadimplência, da incapacidade de honrar as obrigações com fornecedores e banqueiros.

*****

Por tudo isso o mundo financeiro é misterioso e assustador. Com este livro pretendo ajudar a torná-lo mais compreensível. As visões sobre o mundo financeiro divergem tanto quanto sobre o capitalismo. Para alguns, o capitalismo é o sistema econômico que alia a liberdade individual ao progresso social. Ele constitui a culminação histórica dum longo processo de tentativas e erros. Qualquer tentativa de alterar os princípios de seu funcionamento apresenta grande risco dum retrocesso. Para outros, no entanto, o capitalismo alia crescente desigualdade econômica com crescente instabilidade. A liberdade individual que ele proporciona é negada aos que não têm capital nem acesso a ele. E o progresso social que ele permitiu foi uma conquista de seus críticos, que foram capazes de conquistar a cidadania política para os que sobrevivem vendendo sua força de trabalho.

Tendo a concordar com os que vêem o capitalismo como um sistema a ser superado, embora tenha representado um avanço para a humanidade. O grande desenvolvimento das forças produtivas alcançado no quadro do capitalismo torna possível a construção duma sociedade mais democrática e mais igualitária. A visão do mundo financeiro, que apresento ao leitor, filia-se à tradição marxista e keynesiana. No mundo financeiro se encontram os processos que fazem a economia passar por fases de intenso crescimento e grande prosperidade, interrompidas regularmente por fortes crises e períodos de retrocesso ou estagnação. E são as regras que governam o mundo financeiro que impedem que a grande massa de produtores de baixa renda tenha acesso a crédito e assim possa tentar viabilizar os seus sonhos.

A este respeito, vale a pena recordar o pensamento de Keynes. Ele inicia o capítulo intitulado "Notas finais sobre a filosofia social a que poderia levar a Teoria Geral" do seguinte modo: "Os principais defeitos da sociedade econômica em que vivemos são sua incapacidade para proporcionar o pleno emprego e a sua arbitrária e desigual distribuição da riqueza e das rendas". E a respeito do segundo defeito, ele observa o seguinte, duas páginas depois: "A taxa de juros atual não compensa nenhum verdadeiro sacrifício, do mesmo modo que não o faz a renda da terra. O detentor do capital pode conseguir juros porque o capital é escasso..."*

Do jeito como o mundo financeiro está organizado, o acesso ao capital via crédito é monopolizado por grandes intermediários capitalistas, que o vedam à massa de produtores desprovidos de propriedade. Ele serve para canalizar a poupança desta massa à realização dos sonhos dos que já foram contemplados pela fortuna. Mas isso não precisa ser assim. Os produtores não-capitalistas têm capacidade de organizar seu próprio sistema de poupança e empréstimo, desde que a autoridade monetária não oponha o seu veto. Hoje, no Brasil, a luta contra este veto é uma das importantes batalhas pela erradicação da pobreza.

---

* John Maynard Keynes, *A teoria geral do emprego, do juro e do dinheiro*, S.Paulo, Abril Cultural, p.253 e 255.

Sumário

INTRODUÇÃO, 17

PARTE I — FUNDAMENTOS DAS FINANÇAS, 21
1. A natureza das transações financeiras, 23
2. O papel das finanças na economia capitalista, 29
3. O risco financeiro, 33
4. A especulação financeira, 38
5. A poupança como fonte dos ativos financeiros, 43
6. A intermediação financeira e a alavancagem, 51
7. As reservas que deveriam
   ancorar o mundo financeiro ao real, 58

PARTE II — O RELACIONAMENTO NADA
   TRANQÜILO ENTRE FINANÇAS E ESTADO, 69
1. Origem e evolução da intermediação financeira, 71
2. A formação da autoridade monetária, 76
3. A política monetária, 80
4. Relações entre as finanças e a política monetária, 84
5. Sistemas internacionais de pagamentos, 96
6. A prevenção das crises financeiras pelo FMI, 101
7. A globalização financeira, 111

PARTE III — A CRISE FINANCEIRA E SUAS FORMAS MUTANTES, 121
1. O que é crise financeira, 123
2. O controle da crise financeira
   pela autoridade monetária, 133
3. Reforma financeira ou como
   construir um sistema financeiro seguro, 142
4. Um sistema financeiro para os pobres, 151

Introdução

Este livro nasceu da preocupação com a importância ganha pelas crises financeiras neste fim de século, sobretudo em países da periferia semidesenvolvida do mundo, como são os da América Latina, Ásia e Europa Oriental e da dificuldade, que a grande maioria das pessoas tem, de entender o que se passa e o que se pode fazer a respeito.

No Brasil, as conseqüências desastrosas das crises financeiras, que via de regra parecem induzidas do exterior, pegaram a opinião pública desprevenida, desde pelo menos 1995, quando fomos alcançados pela segunda vez por uma crise com origem no México. (A primeira vez foi em 1982, quando começou a crise das dívidas externas, que se espalhou do México a quase toda a América Latina, atingindo inclusive alguns países asiáticos.)

É lógico que as pessoas interessadas acompanharam o farto noticiário, divulgado pelos meios de comunicação de massa, sobre as crises financeiras. Mas inúmeras discussões de que tenho participado me convencem de que a grande maioria não consegue entender do que realmente se trata. E por isso não consegue tomar posição face às posições contrapostas que as diferentes correntes de pensamento e de interesse sustentam diante do fenômeno das finanças e de suas crises.

Neste livro pretendo oferecer noções básicas, em linguagem inteligível ao cidadão medianamente instruído, dos fundamentos das finanças, do seu caráter subjetivo e aleatório e do papel que desempenham na economia capitalista. A partir destas noções, apresento a evolução histórica das instituições do sistema financeiro — bancos, autoridade monetária, sistema internacional de pagamentos — e das políticas monetárias e cambiais, formuladas e processadas por meio destas instituições. Finalmente, na terceira parte do livro a questão da crise financeira é retomada e aprofundada, com o fim de expor e discutir algumas das alternativas de solução e prevenção da mesma. O livro termina com um capítulo sobre instituições que prestam serviços financeiros aos pobres.

O propósito deste livro é levantar as seguintes perguntas:

- Em que consiste uma transação financeira? E o que é um ativo financeiro?
- Por que cada ativo financeiro (ao contrário dos ativos reais: bens negociáveis) está sujeito a um risco? É possível calcular o risco financeiro e incluí-lo na taxa de juros?
- O que é a especulação financeira? E a especulação econômica? Por que a economia capitalista é essencialmente imprevisível?
- O que é a alavancagem, esta misteriosa multiplicação de valores que se dá sem custos aparentes? E como funciona a intermediação financeira, como é que ela transforma prazos curtos em longos e riscos grandes em pequenos?
- O que são reservas e que papel desempenham no mundo das finanças? E como age a autoridade monetária para conferir estabilidade ao sistema bancário mediante políticas de reservas obrigatórias?
- Como vêm evoluindo os bancos comerciais e os bancos centrais? De que modo estas instituições funcionam e como tentam manter estáveis (e fracassam) os mercados financeiros?
- Como é que a autoridade monetária tenta conciliar a estabilidade dos preços (combate à inflação) com o equilíbrio das contas externas e o crescimento econômico?
- O que foram e como funcionaram o padrão ouro até os anos de 1930 e o sistema de Bretton Woods nas três décadas após a Segunda Guerra Mundial? E hoje, o que é a globalização financeira e quais suas consequências?
- O que é crise financeira e quais são suas causas? Como neoliberais e intervencionistas interpretam a crise financeira e o que propõem a respeito?

- Como o Fundo Monetário Internacional intervém nos países em crise e como impede que a crise se espalhe por todo mercado financeiro globalizado?
- Por que o neoliberalismo sofre descrédito e o que se propõe em seu lugar?
- O que se inventou e se difunde para evitar que os pobres fiquem sujeitos a agiotas, que perpetuam sua pobreza?

Este livro pretende ser claro e inteligível, mas não didático no sentido de "ensinar" verdades sobre as finanças e suas crises. É que não acredito que estas verdades sejam evidentes, acima de qualquer discussão, como os famosos $2 + 2 = 4$. No caso das finanças, ideologias e interesses contraditórios condicionam concepções e interpretações dos fatos. Por isso, em vez de "ensinar", discuto. Em todas as questões importantes, apresento os pontos de vista liberais, de que discordo, mas que não podem ser ignorados, assim como não o podem ser os pontos de vista marxistas e keynesianos, que aqui estão englobados sob a denominação de intervencionistas.

Portanto, tomo posição e convido o leitor a fazer o mesmo, qualquer que esta posição venha a ser. Hoje, o destino não apenas do Brasil mas de todos os países da periferia depende do modo como a circulação dos capitais globalizados portadores de juros venha a ser regulada. Se a democracia dá a cada um de nós o direito e a oportunidade de participar na tomada de decisões sobre o destino nacional e até continental, é fundamental que entendamos os problemas e as soluções propostas e usemos este direito de modo consciente. Se este livro contribuir para isso, terá cumprido o seu propósito.

PARTE I
FUNDAMENTOS DAS FINANÇAS

1. A natureza das transações financeiras

Cada transação financeira é uma *operação de empréstimo*. O mundo das finanças gira ao redor de crédito, de transferência de valores que tem como contrapartida a promessa de devolução dos mesmos valores acrescidos de juros ou outro tipo análogo de rendimento, como dividendos, aluguéis, arrendamentos etc. A transação financeira se caracteriza pelo fato de não envolver transferência definitiva de valor, como é o caso de compras e vendas de mercadorias. O vendedor transfere ao comprador um bem ou serviço em troca duma soma de dinheiro. Feita a transferência, os dois participantes estão quites, a transação está completa. A transação financeira é diferente, ela se prolonga no tempo, pois só se completa no fim do prazo do empréstimo, quando o objeto emprestado é devolvido a seu dono.

O objeto emprestado pode ser um valor em dinheiro ou um bem, como uma moradia, um veículo ou uma máquina, ou ainda uma aposta, como é o contrato de seguro. Vamos ilustrar cada um destes tipos de transação financeira. Os empréstimos em dinheiro tomam comumente a forma de títulos financeiros, também chamados de crédito ou de débito. É o devedor que geralmente emite o título, sendo que muitos são negociáveis. Assim, por exemplo, o governo emite títulos da dívida pública, empresas emitem debêntures, consumidores emitem notas promissórias.

No jargão do mercado financeiro, os títulos se assemelham a mercadorias — o que evidentemente não são —, podendo ser comprados, vendidos, revendidos ou recomprados. Na realidade, os títulos são contratos de empréstimo. O comprador do título é o credor e o vendedor do título é o devedor. Quando um detentor de título o vende a outra pessoa, ele recobra o dinheiro que emprestou e o novo detentor passa a ser o credor.

Os empréstimos de bens tomam a forma de contratos de aluguel, arrendamento ou *leasing*. O dono do bem o aluga, arrenda ou dá em *leasing* ao locatário ou arrendatário, que em troca paga uma quantia por tempo de empréstimo: aluguel mensal, renda anual, *leasing* semestral. Estes pagamentos são feitos em troca do uso do bem. No fim do prazo contratado, o bem é devolvido ao proprietário. A devolução marca o fim da transação financeira. Aluguel, renda ou *leasing* são análogos aos juros, ou seja, constituem pagamentos pelo tempo de uso do bem ou dinheiro cedido em empréstimo.

Um terceiro tipo de transação financeira são contratos condicionais, como são os de seguro. O credor neste caso é o segurado, que paga um prêmio ao segurador em troca do recebimento do seguro, se e quando ocorrer o sinistro. Assim o seguro de vida é um contrato pelo qual o segurado paga mensalmente um prêmio, na forma duma quantia de dinheiro, ao segurador, que sói ser uma companhia de seguro. O sinistro, neste caso, é a morte do segurado. Enquanto o segurado continua vivo, o prêmio vai sendo pago.

Quando ocorre a morte — um evento que fatalmente acontece, pois somos todos mortais — a companhia de seguro paga aos herdeiros do falecido, especificados no contrato como beneficiários, o seguro no valor estipulado.

O seguro de vida é um contrato de empréstimo de prazo incerto. Em tese, a morte pode ocorrer logo depois do contrato assinado e neste caso o contrato se completa tão logo o seguro esteja pago. Em outros casos, o contrato de seguro cobre um período determinado, por exemplo a duração duma viagem ou dum trabalho. A produtora cinematográfica pode segurar a voz da cantora ou as pernas da bailarina durante a filmagem. Terminada esta, os contratos se completam, independentemente de o sinistro ter ocorrido ou não.

Este último exemplo deixa claro o caráter de aposta dos contratos de seguro. O sinistro — acidente, roubo, fogo, doença, desemprego ou velhice — é um fato aleatório, de ocorrência incerta. Esta incerteza é a razão de ser do seguro. Compramos seguro contra fatos incertos, que podem vir a nos prejudicar. A lógica do seguro é que a imprevisibilidade do sinistro é total no que se refere ao indivíduo mas não em relação a um grande número de indivíduos. Para digamos um milhão de indivíduos é possível determinar com certa precisão a probabilidade de ocorrer em determinado prazo — digamos um ano — acidentes de trânsito ou de trabalho, roubos, incêndios, perdas de emprego, enfermidades etc. Por isso torna-se viável criar fundos de indenização às vítimas de infortúnios, formados por contribuições de todos os que se sentem expostos ao risco de serem vitimados.

Como poucos são os realmente vitimados a cada ano, as contribuições de cada um dos segurados são muito pequenas face ao valor da indenização a que fará jus se ele for atingido pelo sinistro. Suponhamos que em um ano apenas dez mil indivíduos perdem o emprego em cada milhão. Se cada um do milhão de segurados contribuir com digamos dez reais por mês, o fundo de seguro contra o desemprego receberá dez milhões por mês. O que permitiria pagar a cada um dos dez mil desafortunados mil reais descontado o custo de administração cobrado pela companhia de seguros. Quem não tem seguro só pode se assegurar contra sinistros fazendo poupança individualmente, o que exigiria uma restrição ao consumo muito maior.

Ao lado dos contratos de seguro, outra transação financeira condicional é a compra de ações de sociedades anônimas. O capital deste tipo de empresa é formado por ações (títulos de propriedade de capital), que no caso daquelas de capital aberto, são leiloadas diariamente nas bolsas de valores. O comprador de ações é teoricamente um dos donos da empresa, mas a grande maioria dos acionistas possui quantidade insignificante das ações de cada empresa de modo que carece de capacidade para exercer direitos de propriedade sobre ela, como seria por exemplo influir em sua administração. De fato, acionistas são credores das empresas de que possuem ações e o pagamento pelo uso do seu dinheiro toma a forma de dividendos, que constituem a parcela dos lucros da empresas entregue periodicamente aos acionistas.

A compra de ações é uma transação condicional porque o prazo, o valor do principal e os juros são indefinidos e dependem do desempenho da empresa. Do ponto de vista do prazo, ela se assemelha a uma transação à vista, como um depósito bancário sacável a qualquer momento. O detentor de ações pode vendê-las, quando o desejar, no leilão diário da bolsa. O valor do principal é indefinido pois a cotação das ações varia em curto intervalo. Só no momento em que a pessoa vende as ações e recebe o seu valor em dinheiro é que ela sabe quanto do seu "empréstimo" original ela recuperou. E o mesmo se passa com os dividendos, que são determinados uma vez ao ano em função dos resultados econômicos alcançados pela empresa.

Na realidade, todas as transações financeiras são em alguma medida condicionais, no sentido de que estão sujeitas a risco. Mesmo contratos de empréstimos garantidos por valores equivalentes ou superiores ao principal não estão isentos de risco, como veremos adiante. O risco é inerente à vida humana e aos empreendimentos humanos: devedores ricos ou que têm renda elevada podem perder a fortuna ou a renda; empresas devedoras que estão em expansão podem entrar em crise e falir; garantias materiais — imóveis, jóias, obras de arte — podem perder valor.

Convém finalmente distinguir ativos financeiros dos ativos reais. *Ativos financeiros* são constituídos por contratos de empréstimo e têm como elementos essenciais: valor a ser devolvido, prazo de devolução, valor dos juros e [eventualmente] valor da garantia real. O valor do ativo financeiro é derivado do rendimento em juros, dividendos, aluguéis ou renda etc. que o contrato proporciona ao seu detentor. O ativo financeiro não tem outra "utilidade" a não ser o rendimento usufruído pelo seu possuidor. *Ativo real*, porém, é algo que satisfaz uma necessidade ou desejo, sendo em geral fruto de trabalho social. São ativos reais os bens produzidos pelo trabalho agrícola, industrial, extrativista etc.

Os serviços também têm valor de uso e são igualmente resultado de trabalho social mas não constituem "ativos" porque não têm existência material além do momento em que são prestados e usufruídos. *Ativos* são reservatórios de valor que podem ser guardados e de fato o são. Em suma: a riqueza dos indivíduos, empresas e governos compõe-se de ativos, que podem ser de duas espécies: *reais* — bens que são produzidos e que têm valor pois sua utilidade suscita uma demanda solvável que permite convertê-los em dinheiro e porque o dinheiro pelo qual podem ser vendidos é suficiente para cobrir o pagamento de todos os trabalhos realizados para sua produção; *financeiros* — contratos que proporcionam aos seus detentores um rendimento previsível embora incerto. Indivíduos, empresas e governos retêm riqueza sob a forma de ativos reais e ativos financeiros. Como partes constitutivas de "carteiras" ou "portfólios", ativos reais e financeiros são intercambiáveis. O tempo todo, indivíduos, empresas e governos vendem ativos reais e em troca recebem ativos financeiros e por outro lado liquidam ativos financeiros, cujos prazos contratuais vencem, e com o dinheiro adquirem novos ativos que podem ser reais ou financeiros. A gestação de ativos financeiros, as transações que fazem com que mudem de mãos e sua liquidação no vencimento (ou eventualmente em algum outro momento, anterior ou posterior) constituem o reino das finanças.

RESUMO DAS IDÉIAS PRINCIPAIS

Cada transação financeira é uma operação de empréstimo. Ela só se completa quando o objeto ou valor emprestado é devolvido.

Os empréstimos de dinheiro tomam comumente a forma de títulos de crédito ou de débito. Em geral é o devedor que emite o título e o prestamista é quem o adquire, de modo que a transação financeira toma a forma (falsa) duma transação "comercial": o aplicador compra o título do prestatário. Na realidade, o aplicador é um prestamista, ele empresta ao emissor do título tendo em vista recuperar o principal acrescido de juros.

Os principais tipos de transações financeiras são: empréstimos de dinheiro, aluguel de bens, contratos de seguro e a compra/venda de ações de sociedades anônimas.

Todas as transações financeiras são em alguma medida condicionais, isto é, sujeitas a risco. Isso é assim porque entre o empréstimo e sua devolução os valores tanto do principal como do rendimento podem mudar, sendo portanto incertos. Cada contrato de empréstimo negociável é um ativo financeiro, cujos elementos essenciais são: valor a ser devolvido, prazo de devolução, valor dos juros e (eventualmente) valor da garantia real. Indivíduos, empresas e governos retêm riqueza sob a forma de ativos reais e ativos financeiros. Ativos reais são bens que satisfazem diretamente necessidades, sendo em geral frutos de trabalho social (os serviços também têm utilidade mas não servem de reservatórios de valor porque não têm existência material: só existem enquanto são prestados e usufruídos.)

2. O papel das finanças na economia capitalista

O papel das finanças na economia capitalista é o de antecipar as transações para *ganhar tempo*, ou seja, para minimizar o tempo de imobilização estéril de valores. A produção leva tempo e a venda do que foi produzido — a distribuição — também. É o período de produção e o de distribuição. Estes períodos variam fortemente entre ramos de produção. Leva uma fração de segundo produzir um clipe, uma pipoca ou um botão; leva meses produzir uma colheita de trigo; leva anos construir um prédio ou um transatlântico. Do ponto de vista econômico, o tempo em que o produto permanece em produção e o tempo que em que ele fica à venda são puro desperdício: valores de uso, frutos de trabalho social, ficam parados à espera de a) estarem prontos para uso e b) encontrarem quem queira adquiri-los a preços aceitáveis ao vendedor.

Imaginemos um mundo sem finanças em que prédios são construídos. Para começar a produção, o empresário precisa ter reunido um capital considerável para pagar o terreno, todos os materiais e equipamentos para o início das obras e todos os salários a serem pagos ao menos no primeiro mês. O ritmo de construção estará sujeito não apenas às exigências técnicas mas também às pecuniárias. Toda vez que o dinheiro do empresário não for suficiente para pagar tudo à vista, as obras serão paralisadas. E só quando o prédio estiver pronto, os apartamentos poderão começar a ser vendidos. E cada um será vendido à vista, o que significa que cada comprador terá que ter economizado o valor integral do apartamento antes de poder ocupá-lo.

Não é difícil compreender que, neste mundo sem finanças, grande parte dos ativos reais estaria estocada à espera de que a etapa seguinte de sua produção ou consumo pudesse ter início. Cada mulher e cada homem teria trabalhado durante sua vida ativa várias vezes mais tempo do que o necessário para produzir o que efetivamente poderiam consumir. É porque grande parte do que produziram se deteriorou antes de poder ser usado e outra parte foi legada aos seus descendentes, na forma de imensos estoques.

O crédito acelera tudo: o prédio pode começar a ser construído tão logo o empresário tenha obtido o financiamento mínimo inicial; em geral, nem compra o terreno, incorpora-o mediante a troca por certo número de apartamentos quando o prédio ficar pronto. À medida que a construção avança, o prédio em construção serve de garantia para a obtenção de novos empréstimos. A partir de certo ponto, os apartamentos "na planta" são postos à venda. As entradas e prestações pagas pelos compradores financiam a continuidade das obras. Tão logo o prédio fica pronto, os apartamentos podem ser ocupados, embora nenhum tenha sido pago integralmente. Muitos compradores de apartamentos "na planta" revendem-nos prontos, presumivelmente com lucros, embora também possam sofrer prejuízos.

As finanças permitem dissociar os períodos de produção e de distribuição da movimentação de valores. Os apartamentos do prédio só acabarão de ser pagos muitos anos depois que começarem a ser utilizados. Alguns adquirentes alugarão seus apartamentos — outra transação financeira — e eventualmente usarão os valores que receberão para fazer novas compras a crédito, utilizando os aluguéis recebidos para pagar as prestações. As finanças permitem que não-proprietários usufruam, mediante pagamento de rendimento financeiro [aluguel], de bens alheios. Finalmente, as finanças fazem os capitais girarem mais rapidamente.

Marx esquematizou o giro do capital distinguindo as seguintes etapas: 1) capital monetário; 2) meios de produção + força de trabalho; 3) período de produção; 4) capital sob forma de mercadorias; 5) período de distribuição; 6) capital monetário. O capital passa portanto por três metamorfoses. No início, o empreendedor tem de dispor de *capital sob forma de dinhei-*

ro (etapa 1) para poder adquirir meios de produção e força de trabalho; quando esta transação estiver completa (etapa 2), o *capital estará sob a forma de mercadorias*; fazendo os trabalhadores produzirem (etapa 3), o empreendedor transforma o capital produtivo, ao cabo de certo tempo, numa quantidade de mercadorias prontas para serem usadas (etapa 4). Após esta segunda metamorfose, segue a terceira: as mercadorias, ao cabo de certo período (etapa 5), são vendidas, de modo que o capital mercadoria se retransforma em *capital monetário* (etapa 6), pronto para reiniciar seu giro.

Convém observar que cada uma das três metamorfoses compõe-se de duas etapas: a primeira antes da transformação do capital e a segunda depois desta estar completa. Cada etapa corresponde a uma operação econômica que exige esforço e tempo. O uso do capital dinheiro para comprar meios de produção e contratar trabalhadores leva tempo, a atividade dos trabalhadores transformando meios de produção em produtos prontos para o consumo idem e assim por diante. O capital passa sempre pelas mesmas transformações e por isso o seu movimento é cíclico. Cada ciclo começa quando o capital tem a forma de dinheiro e termina quando o capital volta à forma dinheiro.

As finanças aceleram enormemente este giro. A primeira metamorfose não precisa esperar que o giro anterior se tenha completado. Enquanto as mercadorias ainda se encontram no processamento, elas já servem de garantia para o empresário financiar a compra de mais meios de produção e de mais força de trabalho, que podem em seguida mergulhar na segunda metamorfose. E o mesmo se aplica à terceira: o estoque de mercadorias ainda não vendidas já pode lastrear novas operações financeiras que permitem a compra de mais força de trabalho e meios de produção.

O mesmo vale para a depreciação do capital fixo, um item de grande valor no capitalismo industrial moderno. A vida útil duma instalação fabril pode se estender por várias décadas, o que obrigaria o empresário a formar um fundo que cresceria paulatinamente até atingir o valor suficiente para adquirir uma nova instalação, em lugar da que se desgastou. Mas, graças às finanças, o empresário aplica a juros o dinheiro que forma o fundo de depreciação. Fá-lo de maneira a poder contar com ele quando a substituição do capital fixo estiver prevista. Isto significa que enquanto o fundo de renovação do capital fixo se acumula, os valores que o compõem são emprestados a outros agentes, que os utilizarão para produzir ou consumir. Quando chegar o momento da renovação, os empréstimos, acrescidos de juros, serão devolvidos para que o empresário possa pagar o novo capital fixo.

RESUMO DAS IDÉIAS PRINCIPAIS

Na economia capitalista, o papel das finanças é o de antecipar transações para reduzir o tempo em que produtos ficam à espera de serem utilizados.

Numa economia sem finanças, grande parte dos ativos reais estaria estocada à espera de que a etapa seguinte de sua produção ou consumo possa ter início. Cada mulher ou homem trabalharia durante sua vida ativa muito mais tempo do que o necessário para produzir o que efetivamente poderia consumir, pois muito do que produziria se teria deteriorado antes de poder ser usado e outro tanto teria de ser legado aos descendentes, na forma de imensos estoques.

As finanças permitem dissociar os períodos de produção e de distribuição da movimentação de valores. Elas permitem a consumidores que ainda não têm dinheiro utilizar ou consumir bens alheios, mediante pagamento de aluguel ou de juros. E elas permitem a empresários, também contra pagamento de juros, comprar meios de produção e contratar empregados antes de ter vendido as mercadorias que acabaram de produzir.

O capital fixo tem vida útil que se estende em geral por décadas. Durante este período, o empresário forma um fundo de depreciação que lhe possibilita comprar novo capital fixo. Graças às finanças, o dinheiro que se acumula nos fundos de depreciação pode ser emprestado a outros agentes, que em troca do pagamento de juros poderão usá-lo para produzir ou consumir.

3. O risco financeiro

Como já vimos, finanças são empréstimos. Cada transação financeira tem duas dimensões quantitativas: o valor do principal e o prazo de vencimento. O valor do rendimento — juro, em termos gerais — é o produto do *principal* vezes o *prazo* vezes *a taxa de juros*. Por aí se vê que o prazo — o tempo — é um elemento do valor da transação, do seu rendimento. Quanto maior o prazo, maior o valor dos juros a serem obtidos. É por isso que "tempo é dinheiro" literalmente. No mundo das finanças, o tempo, *a mera passagem de dias, semanas, meses e anos, "produz" valor*.

A palavra "produz" está entre aspas porque se trata duma aparente produção de valor. Esta se dá realmente na produção e distribuição de valores de uso, ou seja, de bens e serviços que satisfazem necessidades e desejos. Na produção e na distribuição, a produção do valor decorre do trabalho social, que inevitavelmente transcorre no tempo. Por isso, o valor é proporcional ao "tempo" de trabalho, expressão que significa quantidade de trabalho. Mas o tempo que decorre *sem trabalho*, também chamado *tempo morto*, não produz qualquer valor, antes pelo contrário pode reduzir o valor já produzido, porque bens guardados tendem a deteriorar, alimentos perecem, objetos de metal enferrujaram, mecanismos que devem se mover perdem eficácia se ficam muito tempo parados etc. A maior perda social de valor pelo tempo morto se dá através do desemprego: pessoas que ficam muito tempo sem encontrar trabalho perdem capacidade mental e física e acabam sendo considerados inempregáveis.

As finanças não produzem valor diretamente, mas ajudam a preservá-lo, reduzindo o tempo morto, como vimos. Mas esta preservação de valor é inversamente proporcional ao tempo, ou seja, ela é tanto maior quanto mais depressa as transações se sucederem no tempo. A "produção" de valor pelo tempo de duração dos contratos de empréstimo é na realidade uma apropriação de valor pelos prestamistas, que assim fazem pagar a preservação de valor que sua atividade possibilita.

A produção de valor pelo tempo está intrinsecamente ligada ao risco. Cada ativo financeiro é um contrato, como vimos. Ora, sendo um contrato firmado entre frágeis seres humanos, existe sempre o risco de que ele não se cumpra. Risco este que cresce com o tempo. Este risco existe mesmo quando a transação financeira está lastreada em algum ativo real. É que se o compromisso contido no contrato não for cumprido, o ativo real deve substituir o principal mais o juro. Mas o que garante que nesta ocasião o ativo real terá tanto valor quanto teria (se fosse pago) o principal + juro?

Imagine um apartamento comprado por meio dum empréstimo hipotecário, a ser pago em vinte anos. No início, o apartamento vale digamos cem mil reais e o valor do empréstimo foi de setenta mil reais. Agora se o prestatário deixa de pagar as prestações digamos a partir do terceiro ano, o banco prestamista pode tentar retomar o apartamento, mas vai levar muitos meses até configurar a ruptura do contrato e mais outros meses para despejar a família inadimplente. É provável que o apartamento retomado esteja em péssimas condições e o banco terá de reformá-lo para tentar vendê-lo novamente. Será que neste ponto ele terá recuperado o principal + juro do contrato original? Como o banco ainda terá de devolver ao ex-comprador as prestações que este pagou, há uma boa probabilidade de que não.

O importante não é condoer-se do banco mas compreender que o risco é inerente a qualquer transação financeira, mesmo a que parece garantida por ativo real mais valioso que o principal. A origem principal do risco não é só a possível má fé do prestatário. É perfeitamente possível que ele tivesse a intenção de cumprir o contrato, mas após três anos perdeu o emprego ou se divorciou da mulher, que ficou com o apartamento sem ter os meios de continuar pagando as prestações. É fácil imaginar outros enredos plausíveis para explicar a inadimplência do prestatário sem envolver premeditação.

34

A origem básica do risco é a imprevisibilidade da sina humana, imprevisibilidade que é maior numa sociedade regida não pela tradição e rotina mas por competição e inovação. Esta questão é imensamente controversa. A existência de risco em qualquer contrato que se estende no tempo é inegável, mas a doutrina neoclássica sustenta que o risco pode ser previsto e medido. Logo, ele não seria propriamente *risco* mas uma característica mensurável do prestatário o que permitiria ao prestamista incorporar à taxa de juros uma taxa de risco que o protegeria inteiramente da eventualidade do sinistro.

No exemplo anterior, de acordo com esta doutrina, o banco estudaria as características do prestatário, o que lhe permitiria calcular a probabilidade de incumprimento do contrato e já incluí-la na taxa de juros. Suponha que esta probabilidade fosse de 5% ao ano, ou seja, o banco "saberia" que 5% dos prestatários daquela espécie deixam de pagar e ele "saberia" quanto lhe custará retomar os apartamentos daqueles 5%. Assim, em vez de cobrar uma taxa de juros de 10% ao ano, o banco vai cobrar digamos 17%. Deste modo os 95% de prestatários que a cada ano continuam pagando as prestações (inclusive juros) cobririam os prejuízos que o banco tem com os 5% que quebram.

Se o risco fosse previsível, a vida no mundo das finanças seria muito mais estável do que na realidade é. A história das finanças é cheia de altos e baixos, em que grandes fortunas são feitas em pouco tempo, nos períodos de *boom* [termo intraduzível que se refere a um período de crescimento explosivo dos ativos financeiros] e perdidas em seguida, nas crises que sempre os sucedem. Em épocas de *boom*, a inadimplência é mínima e o cumprimento quase integral dos contratos induz os prestamistas a subavaliar os riscos, concedendo créditos com grande facilidade. Em épocas de crise, a inadimplência é generalizada, o que leva os prestamistas a superestimar os riscos e a reduzir a quase nada a concessão de novos empréstimos.

A conhecida alternância de otimismo e pessimismo — acentuados ambos — já é uma boa prova de que a doutrina do risco financeiro calculado e prevenido é falsa. Os agentes financeiros tentam evidentemente avaliar o risco de cada operação e incluir na taxa de juros que cobram a margem de risco que prevêem. Há hoje especialistas em avaliação de riscos e agências cujo único trabalho é dar graus — *ratings* — a países, instituições financeiras e empresas que devem exprimir a probabilidade "científica" de que venham a descumprir suas obrigações financeiras.

Mas todos os esforços de prever riscos têm se revelado fúteis. E é fácil compreender o motivo. *O risco financeiro é autogerado pela expectativa de risco alimentada pelos agentes financeiros.* Quando os prestamistas, hoje em dia constituídos principalmente por banqueiros e administradores de fundos, estão otimistas e por isso concedem empréstimos abundantes a taxas baixas de juros, os riscos efetivamente diminuem porque a abundância de crédito facilita a expansão das atividades econômicas. Quando os prestamistas se tornam pessimistas e por isso suspendem a concessão de novos empréstimos e o pouco que emprestam carrega taxas altas de juros, os riscos de fato aumentam já que a escassez de financiamento impõe a contração das atividades econômicas.

Não há qualquer independência entre o risco avaliado e o efeito da avaliação sobre o risco. Para negar este fato teríamos de acreditar que em períodos de *boom* todos os agentes se tornam extremamente competentes e honestos, ao passo que em períodos de crise os mesmos agentes se transformam em incompetentes e inescrupulosos. Como esta suposição é absurda, não se pode deixar de concluir que as pessoas, que gerem os ativos financeiros pertencentes às camadas ricas em todos os países capitalistas, exercem suas nobres funções praticando o que vem sendo chamado de "especulação".

RESUMO DAS IDÉIAS PRINCIPAIS

O valor do rendimento financeiro é o produto do valor principal vezes o prazo vezes a taxa de juros. Quanto maior o prazo, maior o rendimento. Portanto, no mundo das finanças, a mera passagem do tempo "produz" valor.

A real produção do valor se dá pelo trabalho na produção e na distribuição. Este valor corre o risco de se perder, em parte, por efeito do tempo morto, em que os produtos ficam sem serem utilizados. As finanças não produzem valor diretamente, mas ao reduzir o tempo morto ajudam a preservar o valor. Cada ativo financeiro é um contrato entre frágeis seres humanos e por isso sempre há o risco de que ele não se cumpra. Este risco é tanto maior quanto mais longo o prazo de duração do empréstimo.

A causa básica do risco financeiro é a imprevisibilidade da sina humana, imprevisibilidade que é maior numa sociedade regida não pela tradição e rotina mas por competição e inovação.

A doutrina neoclássica sustenta que o risco pode ser previsto e medido, de modo que o prestamista ou aplicador incorpora-o à taxa de juros. Graças a isso, o aplicador previdente ficaria imune ao risco, pois os juros adicionais pagos pelos prestatários solventes (os que cumprem seus contratos) cobririam os prejuízos causados pelos insolventes.

A história das finanças se apresenta como uma alternância de períodos de alta (*boom*) e de baixa (crise). O que prova que na realidade o risco financeiro não pode ser previsto e prevenido, pois nos períodos de baixa os aplicadores sofrem perdas muito grandes, que não puderam prever no período anterior.

O risco financeiro não pode ser previsto porque ele é autogerado pela própria expectativa de risco alimentada pelos agentes. Quando eles se comportam como otimistas, o risco de fato diminui, porque a economia real ganha fôlego para crescer. E quando eles se comportam como pessimistas, o risco de fato aumenta, porque a economia real é forçada a se contrair.

4. A especulação financeira

O ponto de partida da especulação é sempre o enlace entre as transações com ativos reais e ativos financeiros. O que alimenta a percepção de risco dos agentes financeiros é a expectativa em relação às atividades econômicas *reais*. Esta perspectiva é formada a partir de informações estatísticas e de análises de especialistas, divulgadas pelos meios de comunicação de massa e pela imprensa especializada. A expectativa dos agentes financeiros não difere essencialmente da expectativa da maior parte da opinião pública "informada", ou seja, das pessoas pertencentes às camadas sociais privilegiadas que acompanham o noticiário da mídia.

É difícil generalizar, mas quase sempre a opinião pública se divide entre otimistas e pessimistas, assim como se divide entre simpatizantes do governo e simpatizantes da oposição. Os porta-vozes do governo quase sempre se mostram otimistas, tanto para defender as virtudes de sua gestão como para evitar que o pessimismo tome conta do mundo das finanças, o que não tardaria em acarretar queda da atividade econômica real. Os porta-vozes da oposição quase sempre criticam as políticas econômicas e monetárias em vigor, o que implica que o futuro deixa a desejar a não ser que os governantes sejam rapidamente substituídos.

Os situacionistas tendem a acusar os oposicionistas de desejar a desgraça que antevêem, o que não deixa de ser curioso, vindo em geral de especialistas que em teoria acham que expectativas racionais podem ser formadas "cientificamente". Os oposicionistas tendem a acusar os situacionistas de esconder a situação real da economia e negar os perigos que a ameaçam. E é nesse fogo cruzado que os jovens operadores, que atuam nas bolsas de valores, nas corretoras etc. devem tomar suas decisões. A maioria deles tem menos de 30 anos de idade, pois ao que parece só gente jovem agüenta a tensão inerente a esta atividade.

Keynes*, que em seu tempo participou deste jogo, revelou há mais de sessenta anos a regra de ouro da especulação financeira: *adivinhar para onde caminha a maioria dos agentes financeiros e se possível chegar lá antes*. Como as profecias feitas pela maioria sempre se cumprem, pouco importa se elas correspondem ou não ao que hoje chamam de "fundamentos" da economia real. Estes mesmos fundamentos, como veremos adiante, se alteram quando o mercado financeiro é tomado pelo *boom* e quando ele mergulha em crise. O que importa a cada agente financeiro individual é não se isolar da multidão e tentar na medida do possível antecipá-la.

A racionalidade desta regra consiste no seguinte: se a maioria enveredar pelo otimismo, a procura pelos ativos financeiros aumentará. Estes ativos são emitidos pelos governos e empresas que querem empréstimos e são comprados pelos que concedem empréstimos. Se estes últimos acreditam que os riscos são pequenos ou caíram, o lógico é que façam mais empréstimos, o que toma a forma de compra acrescida de papéis financeiros: títulos de dívida pública ou privada, ações etc. O aumento da procura pelos títulos eleva o seu valor. Quem os comprar primeiro pagará menos do que os retardatários.

O mesmo vale evidentemente se o pessimismo passar a prevalecer. A avaliação da maioria é que, a partir de agora, o risco financeiro é grande ou aumentou e em conseqüência ela deixará de comprar mais títulos e possivelmente tentará vender os títulos que possui. A queda da demanda e o aumento da oferta desvalorizam os papéis financeiros, impondo perdas aos agentes (de modo que a percepção de que o risco aumentou se confirma). Os agentes que venderem antes dos outros perderão menos e os que chegarem atrasados perderão mais.

---

* John Maynard Keynes, economista e financista britânico (1883-1946).

A aplicação da regra de Keynes resulta no *comportamento de rebanho* dos agentes financeiros. Embora tenha de haver divisão entre otimistas e pessimistas — ou *touros* e *ursos*, no jargão colorido de Wall Street — porque se todos compartilhassem a mesma expectativa não poderia haver transações entre os agentes financeiros, a cada momento uma destas tendências predomina. Os *touros* são animais que atacam de baixo para cima e por isso designam os agentes que acreditam que os ativos financeiros vão *subir*; os *ursos* são animais que atacam de cima para baixo e por isso designam os que acham que os ativos financeiros vão *baixar*.

Em todas as bolsas, os ursos vendem e os touros compram. O resultado do jogo é definido pelo lado que predominar, não em número de pessoas mas de reais ou dólares. Se os vendedores oferecerem mais títulos do que os touros querem comprar, o valor destes cai e o dia é dos ursos. Se, pelo contrário, os compradores procurarem mais títulos do que os ursos querem vender, o valor dos mesmos sobe e o dia é dos touros.

Cada agente do mercado financeiro tem de decidir, a cada momento, se quer ser touro ou urso, se quer comprar ou vender títulos. O que ele sabe é que, no fim do dia, o que a maioria tiver decidido será o veredicto do mercado. Se a maioria tiver decidido ser touro, o valor dos títulos subirá e quem tiver comprado antes terá lucrado; mas, quem apostou errado e decidiu ser urso, vendendo títulos, tomou prejuízo, pois vendeu mais barato títulos que recomprará depois mais caros. Se a maioria tiver decidido ser urso, o valor dos títulos cairá e quem tiver vendido antes da baixa terá lucrado, podendo inclusive recomprar por um preço menor os títulos que vendeu. Em compensação, os que compraram antes da baixa tiveram prejuízo, pois detêm títulos que valem menos do que pagaram por eles. Portanto, o problema do agente de mercado financeiro é *adivinhar o que a maioria fará e tratar de fazê-lo antes*.

É importante entender que se trata de jogo mesmo, pois não há método científico para prever o que a maioria fará. Como em todos os cassinos, sempre há um certo número de jogadores à procura da fórmula que lhes permita quebrar a banca. A sabedoria convencional da ciência econômica sugere que cálculos de probabilidades permitem obtê-la. Dois economistas dos EUA ganharam o Prêmio Nobel por terem desenvolvido um modelo probabilístico que pretende possibilitar a "administração do risco". No ano seguinte, o megafundo de investimentos por eles administrado sofreu perdas tão grandes que quase quebrou. Foi necessário que o FED (o banco central dos EUA) organizasse um sindicato de bancos para salvá-lo. O episódio serviu para dissipar o otimismo que a economia neoclássica gera em relação ao funcionamento desregulado dos mercados financeiros.

RESUMO DAS IDÉIAS PRINCIPAIS

Especular é jogar com as expectativas do futuro da economia real, formadas a partir de informações estatísticas e de análises de especialistas. A percepção do risco financeiro pelos agentes é colorida pelo otimismo ou pessimismo com que o futuro da economia real é encarado por eles.

As expectativas do futuro são compartilhadas pelos especuladores porque cada um deles tem de adivinhar para onde caminha a maioria e se possível chegar lá antes. Como os especuladores atuam conforme suas expectativas, as profecias feitas pela maioria sempre se cumprem.

Quando os agentes estão otimistas, eles fazem mais empréstimos, isto é, eles procuram comprar mais títulos, cuja cotação por causa disso sobe. Os que compraram antes ganham com a valorização dos títulos, ou seja, suas expectativas otimistas se realizam.

Quando os agentes estão pessimistas, eles fazem menos empréstimos, isto é, eles procuram vender mais títulos, cuja cotação por isso cai. Os que venderam antes ganham com a desvalorização, pois podem recomprar títulos a preços mais baixos do que os tinham vendido. Portanto, as expectativas pessimistas se realizam.

Nas bolsas de valores, os pessimistas (ursos) vendem e os otimistas (touros) compram títulos. Ganha o lado cuja expectativa atrair maior valor: se a demanda superar a oferta, as cotações sobem e ganham os touros; se for o contrário, as cotações caem e ganham os ursos.

Portanto, o problema do agente de mercado financeiro é adivinhar o que a maioria fará e tratar de fazê-lo antes.

5. A poupança como fonte dos ativos financeiros

Famílias, empresas e governos têm rendimentos e fazem gastos. Os mais ricos destes agentes gastam menos do que ganham, do que resulta certa poupança; os mais pobres, pelo contrário, gastam mais do que ganham. Os primeiros constituem unidades superavitárias, os últimos deficitárias. E há muitos que ficam no meio: gastam mais ou menos o que ganham. O que importa aqui é que as unidades superavitárias tendem a aplicar seus rendimentos não gastos em intermediários financeiros, tais como bancos, fundos de investimento, contratos de seguro ou fundos previdenciários. As unidades deficitárias financiam seu excesso de gasto tomando dinheiro emprestado daqueles intermediários (ou de particulares: familiares, amigos, agiotas).

Tomadas em bloco, as famílias tendem a ser superavitárias, ou seja, a soma da poupança de todas as famílias superavitárias tende a superar a soma dos empréstimos tomados por todas as famílias deficitárias. A sua poupança líquida (a diferença entre a poupança de todas as famílias e os empréstimos tomados por famílias) é emprestada a empresas e governos, que em bloco são deficitários. (Estamos abstraindo entradas e saídas de poupança do exterior, a serem examinadas mais adiante.)

A lógica financeira de empresas e governos difere daquela das famílias. Muitas empresas trabalham com capital de giro alheio, sendo a maior parte emprestada pelos seus fornecedores sob a forma de crédito comercial. É usual que empresas compradoras paguem trinta, sessenta ou noventa dias depois de receberem as mercadorias. Mas não são as empresas vendedoras que lhes fornecem o capital de giro. Estas levam as duplicatas aos bancos, que as descontam, ou seja, adiantam o seu valor contra o pagamento de juros. Desta maneira, as empresas compradoras se financiam com a poupança das famílias, depositadas em bancos.

Além disso, as empresas tomam dinheiro emprestado por prazo longo para financiar a aquisição de instalações, equipamentos etc. Elas o fazem emitindo ações ou debêntures (títulos de crédito de prazo médio, em geral) vendidas em bolsas ou tomando empréstimos em bancos de investimento. Além disso, as empresas fazem aplicações financeiras de curto prazo para formar o que chamam de "colchão de liqüidez". A maioria delas está endividada no longo prazo e é credora no curto prazo. Mas o valor de suas dívidas tende a ser bem maior do que seus créditos.

Governos em geral se endividam para financiar inversões públicas em estradas, portos, hospitais, escolas, obras de água e esgoto, redes de telefonia, telegrafia etc. Mas boa parte das dívidas públicas tem origem política, principalmente em guerras externas e intestinas. Em quase todo lugar, a dívida pública é permanente e não se cogita de seu resgate. Se a economia cresce, é de se supor que a receita fiscal também cresça, o que justifica a expansão da dívida pública, já que o governo dispõe de mais recursos para *servi-la*, isto é, pagar juros e amortizações.

Desde o fim da última guerra mundial, governos e empresas disputam a poupança líquida das famílias. Os governos são premidos a ampliar as inversões e os gastos sociais, no quadro do estado de bem-estar social, que lhes atribui a responsabilidade pela proteção aos desvalidos. Quando o governo vende novos títulos de sua dívida, para obter dinheiro com que pagar juros e amortizações vencidas, ou então para pagar obras, equipamentos etc., pode acontecer que o crédito escasseie e as taxas de juros subam. Então as empresas, que também procuram dinheiro emprestado junto aos bancos ou por meio da venda de seus títulos, sentem a mordida dos juros maiores em seus lucros, o que as faz protestar contra o que chamam de *crowding out* [significa algo como expulsão por invasores de seu espaço]. A voga do neoliberalismo passou a priorizar a contenção do gasto público e da dívida pública para garantir que a maior parte da poupança fique disponível para o capital privado. Mas o financiamento do déficit público não precisa restringir o crédito disponível para os outros tomadores de empréstimos, do setor privado. É que o valor da poupança agregada não é fixo e pode ser aumentado pelo próprio déficit público, se este servir para ampliar a demanda efetiva, ou seja, a demanda total por bens e serviços da sociedade. Se isso ocorrer, é provável que a produção venha a crescer também, em resposta ao aumento da demanda, acarretando elevação da renda de todos os agentes: famílias, empresas e governo.

Keynes, o grande teórico inglês, demonstrou que o *aumento da renda social se traduz em aumento mais que proporcional da poupança*. Isso se dá porque em geral o consumo se pauta por hábitos e contratos que não se alteram no curto prazo. Se uma família tem um acréscimo de renda, não é provável que ela imediatamente mude para uma residência mais cara, transfira os filhos para uma escola mais dispendiosa ou altere sua rotina alimentar. O mais provável é que ela mantenha por algum tempo seus gastos de consumo, o que significa que, pelo menos por algum tempo, ela poupará todo o acréscimo de renda. Só depois a família adaptará seu consumo ao novo nível de sua renda.

De acordo com essa teoria, o gasto, seja público ou privado, suscita um aumento correspondente de produção e renda e mais que proporcional de poupança. Se uma economia nacional crescer anos a fio, como freqüentemente ocorre, o aumento de renda guarda sempre uma dianteira em relação ao crescimento do consumo. Isso significa que a poupança não só cresce, mas provavelmente crescerá mais do que a renda. Em outras palavras, ao longo desta trajetória de crescimento econômico contínuo, a poupança tende a ser uma proporção crescente do produto nacional. De modo que tanto as empresas privadas como o governo poderão expandir seu endividamento, absorvendo a crescente poupança líquida das famílias, sem que haja *crowding out*.

Mas a expansão da atividade econômica tem que superar obstáculos, que em geral tomam a forma dè "pontos de estrangulamento": excesso de importações face à disponibilidade de divisas, saturação de vias de transporte, de silos e armazéns, de geração de energia elétrica ou escassez de mão-de-obra especializada. De modo que o aumento da atividade é acompanhado, a partir de um certo ponto, duma crescente elevação de custos. Este ponto, que é difícil de determinar na prática, se chama em economês "pleno emprego". Ele representa uma situação em que a economia nacional, como um todo, já utiliza plenamente todos os seus recursos produtivos da melhor forma possível, de modo que forçar a economia a crescer além deste ponto implica custos crescentes de produção, atribuíveis em última instância a uma perda cada vez maior de eficiência.

Estes custos crescentes se traduzem em aumentos de preços, elevando os riscos de inflação. Mas isso *não quer dizer que sempre que há inflação, esta deve ser atribuída a um crescimento econômico acima do pleno emprego*. Cada inflação é um episódio distinto, que tem causas específicas. Há inflações provocadas por guerras (historicamente, esta é a causa mais freqüente), por choques externos (como foi o do petróleo, na década de 1970), por descontrole do gasto público ou por emprego mais do que pleno, para citar algumas das causas mais comuns. Inflação causada por crescimento estrangulado por congestionamento de redes de infra-estrutura, elevação de parte dos salários provocada pela disputa pelas empresas de trabalhadores especializados etc., é relativamente rara, sobretudo nos dias que correm.

O Brasil passou por uma situação destas em 1973, no auge do "milagre econômico". Mas a grande vaga inflacionária que atormentou o país a partir do fim dos anos 1970 até o Plano Real teve outras causas: a luta distributiva entre diferentes frações de classe, cada uma sendo beneficiada ou prejudicada por regras específicas de reajustamento monetário; algumas se aplicavam aos salários, outras à taxa de câmbio, outras ainda aos preços tabelados, aos preços mínimos dos produtos agrícolas etc.; e os sucessivos planos de estabilização, que ao fracassarem reacendiam a luta distributiva de forma mais exasperada. O Plano Real pôde acabar com a inflação quando unificou o reajustamento monetário de todos os valores na URV. A interpretação neoliberal desta questão é naturalmente muito diferente da keynesiana. Para aquela corrente, qualquer inflação tem por origem excesso de crédito e/ou de moeda, causado sempre por excesso de gasto público. E a inflação é o pior dos males, porque perturba a ordem, espalha insegurança entre as classes possuidoras e pune com o "imposto inflacionário" os consumidores, atingindo mais os pobres. Por isso, os neoliberais tendem a advogar políticas de restrição de crédito e de taxas de juros reais positivas e em geral altas. O fantasma que assombra os neoliberais é o déficit público, financiado por crédito abundante a juros baixos, pois representa para eles o caminho mais curto ao inferno inflacionário.

Para os keynesianos e os intervencionistas em geral, ou seja, para os que consideram desejável que o estado intervenha sistematicamente no funcionamento dos mercados, a inflação é tolerável desde que mantida em nível baixo. Ela constitui um preço que vale a pena pagar para manter a economia em pleno emprego ou próximo dele e para induzir o máximo de crescimento compatível com a disponibilidade de recursos humanos, de infra-estrutura, de divisas etc. O fantasma que assombra os intervencionistas é a recessão, o desemprego e o desperdício de oportunidades de crescimento, sobretudo em países incompletamente desenvolvidos.

Vale a pena acrescentar que, para os liberais, a economia é vista como estando quase sempre em *equilíbrio com pleno emprego*. Esta visão parte do princípio que fatores de produção (por exemplo, trabalhadores desempregados) só ficam ociosos porque para eles o custo (psicológico) de se empregar é maior que o proveito (também psicológico) trazido pelo seu emprego, ou seja, o salário. Portanto, o desemprego de trabalhadores ou de equipamentos e outros meios de produção é sempre *voluntário*. Pressupõem que sempre existe demanda por trabalhadores e meios de produção, mas que a remuneração oferecida *deve ser inferior ao custo psicológico decorrente do seu emprego*, porque, se não fosse, os donos — no caso da força de trabalho, os trabalhadores — não deixariam estes fatores ficarem ociosos.*

A conseqüência desta maneira de encarar a economia é ver com grande desconfiança toda política que objetiva acelerar o crescimento mediante o aumento do gasto público e/ou privado. Se a economia já se encontra em pleno emprego ou quase, acelerar o seu crescimento implica exacerbar seus pontos de estrangulamento, aumentar os custos de produção e distribuição e assim gerar pressões inflacionárias. Para os liberais, as políticas monetária e fiscal devem equilibrar gasto e receita públicos e deixar que a dinâmica do setor privado determine o seu crescimento.

A visão liberal é no mínimo distorcida, se não inteiramente falsa, pelo viés de considerar a inflação o único problema a ser enfrentado ou prevenido pela política econômica do Estado. Situações em que há flagrante subutilização da capacidade instalada de produção e considerável desemprego da mão-de-obra — que nada tem de voluntário, pois os desempregados procuram trabalho pelos salários vigentes e em geral se dispõem a trabalhar por menos — são interpretadas como de "pleno emprego" ou quase, em que políticas anti-recessivas são vistas como eficazes apenas por pouco tempo [no curto prazo, em *economês*], suscitando inflação em seguida.

---

* "A 'taxa natural de desemprego', em outras palavras, é o nível que seria produzido pelo sistema walrasiano de equilíbrio geral..." (p.259) "Talvez valha a pena observar que esta taxa 'natural' não precisa corresponder à igualdade entre o número de desempregados e o número de postos de trabalho vagos." (p.269) "Enunciando a conclusão geral ainda de outra forma, a autoridade monetária controla quantidades nominais... (...) Ela não pode usar seu controle sobre quantidades nominais para determinar uma quantidade real — a taxa real de juros, a taxa de desemprego..." (p.262) Milton Friedman, "O papel da política monetária" em Ricardo Carneiro (org.) *Os clássicos da economia*, S.Paulo, Ed. Ática, 1997. O que Friedman diz é que o desemprego é 'natural', equivalente à existência de mercadorias que não encontram compradores porque estes não querem pagar o preço aceitável aos vendedores; e que a autoridade monetária pode regular a quantidade de moeda no país mas não pode, através da política monetária, alterar de forma permanente a taxa de desemprego. Os intervencionistas sustentam que pode e deve.

Em suma, a poupança das famílias, exceto a parte mantida em dinheiro vivo [entesourada], dá lugar à criação de ativos financeiros. Toda oferta de novos empréstimos é originada em renda não gasta nem entesourada. Mas a intermediação financeira tem um poder multiplicador sobre os ativos financeiros originados em aplicações feitas pelos poupadores. É o que vamos examinar a seguir.

RESUMO DAS IDÉIAS PRINCIPAIS

As famílias tomadas em conjunto tendem a gastar menos do que ganham. Empresas e governos, pelo contrário, tendem a gastar mais do que ganham. A poupança das famílias, depositada em intermediários financeiros, é reemprestada por estes a empresas, para que possam vender a crédito e financiar suas inversões; e a governos, que se endividam tanto para fazer inversões como para conduzir guerras externas ou intestinas.

Governos e empresas disputam a poupança líquida das famílias. Quando o governo expande a dívida pública, é possível que a taxa de juros suba e o volume de crédito escasseie para as empresas. Mas, se a expansão da demanda pública acarretar maior crescimento da economia, a poupança total vai crescer de modo a satisfazer a demanda por empréstimos tanto do setor estatal como do privado.

Keynes demonstrou que, em geral, um aumento da renda nacional acarreta um aumento mais que proporcional da poupança, porque o consumo das famílias é pouco variável e não acompanha imediatamente a elevação da renda. Portanto, se uma economia crescer anos a fio, o aumento da renda dá lugar a um aumento maior da poupança e esta tende a ser uma proporção crescente da renda nacional.

Ao crescer continuamente, a economia se defronta com uma quantidade cada vez maior de pontos de estrangulamento, até que sua possibilidade de prosseguir no crescimento vai quase a zero. Neste caso, se a política econômica permitir que a demanda efetiva continue crescendo, o efeito será um aumento não mais do produto mas dos preços.

Inflações têm causas muito variadas. Apenas um tipo de inflação é causado pela tentativa de fazer crescer uma economia que já está em pleno emprego. A visão neoliberal difere desta. Ela vê qualquer inflação como resultado das mesmas causas: oferta excessiva de empréstimos e/ou de moeda, tendo sempre por origem gasto excessivo do governo. Para os teóricos neoliberais, a economia sempre se encontra em equilíbrio de pleno emprego, isto é, em condições normais, qualquer economia utiliza ao máximo sua força de trabalho. A "taxa natural de desemprego" é a que prevalece nestas condições e ela decorre da incompatibilidade entre os desejos dos que oferecem seu trabalho a venda e dos que procuram comprá-lo.

Para os neoliberais, a inflação é o pior dos males, porque desvaloriza a riqueza acumulada e faz os consumidores pagarem o "imposto inflacionário", sob a forma de preços mais altos. Para os que acham que o Estado deve intervir sistematicamente nos mercados para levar a economia ao pleno emprego, uma inflação baixa é tolerável se ela contribuir para o crescimento econômico e para a manutenção do pleno emprego.

Os neoliberais são adversos a qualquer política econômica que não seja para prevenir ou corrigir a inflação. Acreditam que o desemprego, quando existe, é voluntário, decorrente da recusa dos trabalhadores ociosos de aceitar trabalho remunerado abaixo do que consideram necessário para compensar o custo psicológico de executá-lo.

Ora, esta crença é insustentável face aos elevados índices de desemprego na maioria dos países. Quando o desemprego é alto, ou seja, está acima do seu nível mínimo de pleno emprego, a maior parte dele é involuntário, pois os que procuram emprego se dispõem a aceitá-lo aos salários vigentes ou até mesmo por remuneração inferior.

6. A intermediação financeira e a alavancagem

O capital portador de juros é capital que é emprestado pelo seu dono tendo em vista o ganho de juros e, neste sentido, faz parte dos ativos financeiros. Vimos que ele se origina da economia real, que poupa uma parte da renda que gera. Uma parte da poupança permanece em forma de moeda, isto é, ela é *entesourada*. Mas o restante dela é entregue a intermediários financeiros, em diferentes formas de depósitos. A transferência de valor poupado pelo seu possuidor original a um intermediário é um empréstimo, portanto uma transação financeira, da qual resulta um ativo financeiro. Este pode ser um depósito bancário, um contrato de seguro, a cota de um fundo etc.

O intermediário, como diz a palavra, vive da mediação de crédito entre poupadores e prestatários. O dinheiro colocado em banco, companhia de seguro ou fundo será necessariamente reemprestado a empresas ou governos. Esta nova transferência dá lugar a um *novo* ativo financeiro, que toma a forma de *novo* depósito bancário — o banco abre um depósito em nome da empresa financiada — ou de *novo* título de dívida pública adquirido pela companhia de seguro ou de *nova* ação emitida por uma empresa e adquirida pelo fundo de investimento.

Aconteceu uma mágica. A poupança, ao passar duas vezes de mãos — do poupador ao intermediário e deste ao prestatário —, dobrou o seu valor. É o que se chama de *alavancagem*. Para ilustrar: A coloca cem reais no banco e este os empresta a B; os mesmos cem reais deram origem a dois ativos financeiros: o de A e o de B. O capital financeiro foi acrescido de 100 + 100 = 200 reais. Esta multiplicação pode ser maior. O banco, em vez de emprestar à empresa B, pode adquirir uma cota do fundo C e este em seguida comprará ações. Neste caso, os cem

51

reais originais viraram trezentos, por obra e graça da intermediação financeira: os 100 do depósito + os 100 da cota adquirida + os 100 das novas ações. Esta mágica parece tirar coelhos duma cartola vazia, pois gera novo valor sem custo, ou seja, sem que haja trabalho social, presente e passado. Ela está na raiz da especulação financeira e na possibilidade do mundo financeiro descolar do mundo real. Por isso, merece um exame mais aprofundado. Comecemos pelo intermediário financeiro como gerador de valor, que Marx chamou de *fictício*. O intermediário presta um serviço aos seus clientes ao assumir o risco da transformação de prazos e da transformação de riscos. Esta é a sua razão de ser e por isso ele é imprescindível à economia de mercado monetária.

A *transformação de prazos* consiste em aceitar depósitos a prazo menor do que os reempréstimos conseqüentes. Grande parte dos depósitos em bancos comerciais é à vista, porque os depositantes querem poder dispor deles a qualquer momento, usando-os de fato como meios de pagamentos *líquidos*, por meio de cheques ou cartões de crédito. Mas os bancos comerciais descontam duplicatas a prazos de um, dois ou três meses. Isso faz com que o seu *ativo*, ou seja, os empréstimos que o banco tem a receber, seja a prazos maiores do que o seu *passivo*, isto é, os depósitos que ele tem que pagar quando sacados. Por isso, eles estão sempre potencialmente ilíqüidos, isto é, se os depositantes resolvessem sacar todos os seus depósitos de uma vez, o banco não teria dinheiro para atendê-los.

O banco pode se dar ao luxo de correr este risco porque dificilmente os depositantes retirarão seus depósitos de uma vez ao mesmo tempo, a não ser se houver um pânico, ou seja, se os depositantes tiverem razões para crer que o seu dinheiro não está seguro. Pânicos ocorrem, mas são raros e os bancos contam com a proteção da autoridade monetária para resgatá-los. Em tempos normais, os depositantes à vista movimentam suas contas mas o valor dos saques tende a ser semelhante ao dos depósitos, de modo que o saldo não sofre grandes oscilações.

Os bancos formam um sistema de vasos comunicantes, pelos quais passam mais de 90% de todos os pagamentos, que são feitos por meio de cheques ou cartões de crédito. A grande maioria dos agentes econômicos — consumidores, empresários e governos — têm depósitos em bancos e os usam para receber e pagar. Por isso, diariamente muitos milhões de reais mudam de mãos sob a forma de transferências de depósitos bancários, mas estes milhòoes nào deixam os bancos, apenas mudam de contas no mesmo banco ou entre bancos. Cada pagamento acarreta a transferência dum valor da conta de quem o desembolsou para a de quem o embolsou. Se o pagador tem conta no banco A e o recebedor no banco B, o valor sai do primeiro e entra no segundo.

No fim do expediente diário, cada banco contabiliza todos os cheques e ordens de pagamento sacados contra ele e todos os que foram depositados nele. Apenas o saldo entre os bancos tem que ser pago em efetivo (moeda legal) e ele sói ser muito pequeno em comparação com o total de depósitos em cada banco.

Os bancos comerciais têm além disso, como atividade principal, o desconto de duplicatas, que correspondem às vendas a prazo feitas pelas indústrias e atacadistas aos varejistas. Os bancos "compram" as duplicatas à vista com um desconto, que corresponde aos juros do prazo — de 30, 60 ou 90 dias — em que elas vencem e serào quitadas. Esta atividade é um típico exemplo de transformação de prazos. Os bancos recebem depósitos à vista, e reemprestam parte deles a tais prazos porque confiam que não haverá saques significativos dos depósitos à vista, de modo que lhes basta ter em caixa reservas fracionárias, ou seja, uma fração do total depositado (como veremos no próximo capítulo) para poder honrar os saques eventualmente feitos.

Desta maneira, o banco presta um serviço real pois torna possível aos depositantes usar sem restrições seus depósitos à vista para efetuar toda sorte de pagamentos e aos comerciantes recuperar o crédito que concederam aos fregueses. *A mágica é real*: o mesmo dinheiro que os depositantes trocam entre si, dando e recebendo cheques e pagamentos via cartão de crédito, é usado pelos comerciantes e industriais para fazer pagamentos, enquanto as duplicatas de seus fregueses, que eles descontaram no banco, ainda não venceram.

A mesma transformação de prazos ocorre entre bancos comerciais e bancos de investimentos ou entre fundos de investimentos e companhias de seguros, por exemplo. Não há necessidade de pormenorizar, pois o mecanismo é o mesmo. Alguns intermediários financeiros recebem depósitos a prazo, mas estes são relativamente curtos, digamos de um, dois ou três semestres. Estes intermediários — cadernetas de poupança ou financeiras por exemplo — podem reemprestar seus fundos a prazos substancialmente maiores, digamos de vários anos ou mesmo décadas. A transformação de prazos implica riscos, devido à volatilidade maior das aplicações de curto prazo. Por isso, a legislação bancária não permite, em geral, que um mesmo banco use depósitos à vista para financiar digamos imóveis, a dez, quinze ou vinte anos. Mas esta mesma mágica torna-se possível por intermédio da formação duma cadeia de intermediários, em que numa ponta estão os bancos comerciais e na outra as cadernetas de poupança ou outros financiadores hipotecários, que financiam operações imobiliárias de longos prazos. Em cada elo da cadeia prazos curtos de depósito são transformados em prazos um pouco maiores de aplicação. A soma dos elos sucessivos permite que depósitos à vista, isto é, de prazo zero, acabem financiando indiretamente, isto é, ao passar por diversos intermediários, empréstimos hipotecários de dezenas de anos.

A *transformação de riscos* é análoga à de prazos. Há aplicações de pequeno risco, como os títulos da dívida pública ou papéis comerciais garantidos pelas mercadorias transacionadas. Os títulos da dívida pública são considerados de baixo risco porque o governo não pode falir e raramente deixa de honrar suas obrigações. Duplicatas e títulos que têm como garantia as mercadorias financiadas também são consideradas de baixo risco porque em caso de inadimplência os ativos reais servem para cobrir o débito. Outras aplicações, no entanto, são de valor muito mais volátil como as ações e os imóveis, cujos valores oscilam consideravelmente em prazos curtos. Os intermediários que aceitam depósitos curtos "deveriam" reemprestá-los a quem oferece pouco risco. Em compensação, os que aceitam depósitos longos podem se dar ao luxo de financiar aplicações mais arriscadas.

Na transformação de riscos a presença dos intermediários de crédito é essencial. Em princípio, bancos são tidos como devedores mais seguros do que firmas não bancárias, basicamente porque eles estão sujeitos à fiscalização e proteção do Banco Central. Logo, quando alguém deposita dinheiro num banco comercial e este o reempresta a um comerciante ou industrial, houve uma redução do risco para o depositante original. Este tem como devedor não uma firma qualquer mas um banco; e é o banco que assume o risco da inadimplência do comerciante. O mesmo acontece quando alguém deposita dinheiro numa caderneta de poupança. Este depósito a prazo será reemprestado a construtoras para financiar operações de longo prazo. A caderneta é protegida pela autoridade monetária, sendo considerada sem risco. O risco de inadimplência das construtoras é assumido pela associação de poupança e crédito que emitiu a caderneta de poupança.

Os intermediários financeiros também formam cadeias para transformar riscos. Numa ponta estariam os que recebem depósitos à vista e na outra os que aplicam em fundos especulativos ou emprestam aos agentes que especulam em bolsas. O grau de risco a que se expõe cada intermediário é digamos "prudente", o que não impede que o risco total a que se expõe a cadeia toda seja enorme.

A passagem do mesmo dinheiro pela cadeia de intermedários gera um valor multiplicado em ativos financeiros, como vimos no início deste capítulo. Isto permite aos bancos e demais intermediários expandir fortemente o volume de crédito total. Digamos que um real depositado à vista permite financiar 70 centavos de crédito comercial e estes possibilitam depositar 49 centavos numa financeira que utiliza 35 centavos para descontar notas promissórias emitidas como pagamento de vendas a prestações. Neste exemplo, de cada depósito apenas 70% são reemprestados, ficando os 30% restantes como reservas, o que constitui uma proporção elevada. Mesmo assim, a alavancagem expande R$ 1,00 em R$ 2,54 em apenas quatro transações sucessivas. Se R$ 1,00 era capital real, o

R$ 1,54 é capital fictício, ou seja, valor criado no processo de transformação de prazos e de riscos. A partir de determinado ponto da cadeia, a autoridade monetária não estende mais sua proteção *formal*, o que representa o perigo de *débâcle* para uma grande parte do sistema. O exemplo recente (em 1998) do fundo Long Term Capital Management, que quase quebrou e foi salvo por uma intervenção organizada pelo banco central dos EUA, sem que este colocasse dinheiro diretamente no pacote redentor, ilustra como as cadeias de intermediação financeira funcionam em momentos de crise. A autoridade monetária faz todo o possível para impedir que grandes intermediários sofram bancarrotas, porque provavelmente acarretariam a bancarrota de outros intermediários, que por sua vez causariam mais bancarrotas. É o que tem sido chamado de "efeito dominó". Em tese, todo sistema financeiro poderia sofrer um colapso, com efeitos destrutivos amplos sobre a economia real.

RESUMO DAS IDÉIAS PRINCIPAIS

Bancos, seguradoras, fundos de investimento etc. que captam poupança e a reemprestam são os intermediários financeiros. O depósito constitui um ativo financeiro, o reempréstimo constitui outro. A mesma soma, ao passar duas vezes pelo intermediário financeiro, dobra o seu valor enquanto ativo financeiro. Esta expansão do valor dos ativos financeiros é causada pela alavancagem.

A alavancagem ocorre quando a mesma soma é objeto de sucessivos reempréstimos, ao passar pelas mãos de sucessivos intermediários financeiros. Isso decorre dos serviços que a intermediação financeira presta aos agentes da economia real.

Um destes serviços é a transformação de prazos: um depósito à vista numa ponta da cadeia de intermediários se torna um empréstimos de longo prazo na outra ponta. Outro serviço é a transformação de riscos: o intermediário financeiro, pelo valor do seu capital — e pela proteção que recebe do Banco Central —, oferece pouco risco a quem nele deposita. Mas, ao reemprestar a uma empresa privada, o intermediário se expõe a um risco maior. Se não houvesse a intermediação, este "risco maior" recairia sobre o poupador não financeiro. O sistema financeiro é formado por cadeias de intermediários, ao longo das quais prazos curtos são alongados e riscos são diluídos. A multiplicação de ativos financeiros que resulta de seu funcionamento é a origem do descolamento dos valores financeiros daqueles gerados na economia real. É o que Marx chamou de capital fictício.

7. As reservas que deveriam ancorar o mundo financeiro ao real

Os intermediários, na realidade, não podem reemprestar todo o dinheiro que recebem dos depositantes. Eles têm de reter uma pequena parte dele *em caixa*, para poder honrar os saques feitos rotineiramente por depositantes. Algo, digamos, como 5 a 10% do valor dos depósitos teria de ser mantido em *reserva* para enfrentar a contingência de saques. Mas esta pequena margem pressupõe tempos "normais", ou seja, quando a confiança do público na intermediação financeira não está abalada.

Infelizmente, nem sempre os tempos são normais. Com certa freqüência, bancos, corretoras e semelhantes deixam de poder honrar seus compromissos com quem lhes confiou dinheiro e acabam sendo liqüidados. Quando isso acontece, o pânico se espalha e mesmo entidades "sadias", ou seja, que até aquele momento não sofreram perdas, também são objetos de corridas dos depositantes, o que as torna ilíqüidas, ou melhor, o que torna sua iliqüidez virtual, real. Se o banco A suspende o saque de depósitos por falta de fundos, muitos depositantes nos bancos B e C suspeitam de que estes também podem vir a fechar. Então correm a estes bancos para sacar o que neles depositaram. Como o dinheiro está aplicado, estes outros bancos não podem atender a todos e o que antes fora uma suspeita infundada de repente torna-se realidade.

Para a autoridade monetária, cuja função é zelar pela segurança do sistema financeiro, não considerar a possibilidade de crise financeira é impossível. Para ela, prevenir crises torna-se vital, pois depois que estouram é muito caro e difícil — e politicamente desgastante — contê-las. Por isso, a autoridade monetária tem poder para obrigar os intermediários financeiros a reter reservas acima da margem que seria necessária em tempos "normais". Assim, os bancos comerciais, que precisariam formar reservas, chamadas "encaixe", de algo como 5 a 10%, podem ser obrigados a manter encaixes equivalentes a 20%, 30% ou mais do valor dos depósitos. E o mesmo se aplica aos demais intermediários financeiros, que se encontram sob a "asa" do banco central. As reservas obrigatórias robustecem o sistema financeiro e reduzem o efeito multiplicador de valor da alavancagem. Para explicar isso, retomemos o exemplo do depósito de cem reais que A fez no banco. Supondo que o banco esteja obrigado a reter 30% do valor dos depósitos como encaixe, ele só pode reemprestar a B setenta reais e o multiplicador financeiro do valor, que antes era dois, agora é apenas 1,7. O efeito redutor das reservas é maior quando consideramos uma cadeia de três intermediários: A deposita cem reais no banco que aplica setenta no fundo e este só poderia adquirir 49 reais de ações [70% de setenta reais]. O multiplicador, que no exemplo acima era de três, cai agora a 2,19 [100 + 70 + 49 = 219; 219 : 100 = 2,19]

A autoridade monetária possui portanto um instrumento de contenção do multiplicador de valor do sistema financeiro. Este instrumento pode servir para conter a expansão das finanças próximo do crescimento da economia real, isto é, do valor de troca das mercadorias produzidas por trabalho social e que têm valor de uso. Precisamos, para melhor compreender isso, analisar as influências recíprocas entre economia real e finanças.

Para tanto, voltemos ao início para recordar que o papel do sistema financeiro é acelerar o giro do capital. Ele o faz ao permitir que valores ociosos sejam recolocados em circulação, de modo que o mesmo capital-mercadoria, estocado à espera do momento em que seja consumido (por pessoas ou por algum novo processo produtivo), possa movimentar um volume várias vezes maior de trabalho social, presente e passado. Como dizíamos no capítulo 2 deste livro: "As finanças aceleram enormemente este giro [do capital]".

Suponhamos que duas fábricas funcionem lado a lado e ambas paguem mensalmente os salários. As duas folhas de pagamento se eqüivalem. Cada fábrica vende sua produção e com a receita das vendas paga trabalhadores e demais fornecedores. O capital de giro* de cada uma está limitado ao valor de suas vendas mensais. Agora, se uma delas resolver pagar no dia 15 de cada mês e a outra no dia 1º, cada uma poderia emprestar à outra o valor de meio mês de vendas: a fábrica I no dia 15 acumulou meio mês de receitas, que só vai precisar no fim do mês; pode emprestar este valor à fábrica II, que pode assim pagar uma folha 50% maior; no fim do mês, a fábrica II devolve o favor à I, emprestando-lhe meio mês de receita de vendas, de que só vai precisar no dia 15.

Neste exemplo simples, a instituição do financiamento permite às duas fábricas aumentar em 50% seu emprego e sua produção sem expandir seu capital "real", sem precisar reinvestir seus lucros. É a mágica do financiamento em ação. Poderíamos expandir o exemplo pensando em quatro fábricas que escalonassem seus pagamentos mensais em quatro datas sucessivas, suponhamos dias 1º, 8, 15 e 23. Cada uma receberia das outras três o dinheiro acumulado até o dia em que ela paga. Cada fábrica disporia de seu próprio capital de giro, suponhamos = 100, e mais um quarto da fábrica que pagou na semana anterior [= 25], mais uma metade da que pagou há uma quinzena [= 50] e mais três quartos da que pagou há cerca de três semanas [= 75]. Graças ao crédito, cada fábrica pode agora dispor de [100+25+50+75=] 250 de capital de giro, embora só tenha 100 de capital próprio.

O que estes exemplos mostram é que o sistema financeiro produz um multiplicador de valor tanto maior quanto mais numerosos forem os capitais ociosos que ele mobiliza. No caso das duas fábricas, o multiplicador foi de 1,5; já no caso de quatro fábricas, ele aumentou para 2,5. E é claro que o multiplicador poderia ser ainda maior se o número de fábricas integradas à cadeia financeira crescesse.

Nesses casos, o multiplicador é *real*, porque as quatro fábricas poderiam de fato aumentar em 150% a produção e o

---

* Chamamos de "capital de giro" o valor de que uma empresa precisa dispor para pagar salários e outras compras no período de produção e de distribuição, ou seja, do momento em que matéria-prima e trabalho se combinam para produzir mercadorias e estas são vendidas, retornando o dinheiro gasto.

emprego e possivelmente seus lucros, sem necessidade de acumular lucros anteriores. Os empréstimos entre as fábricas não dão lugar a "ativos financeiros" porque não estamos supondo a existência de intermediários financeiros e muito menos duma esfera financeira autônoma em relação à economia real. Portanto, não poderia haver qualquer descolamento do valor "gerado" no âmbito financeiro do valor efetivamente produzido no lado real. A questão que se coloca é a seguinte: qual é o limite "real" do processo de geração de valor nas cadeias financeiras? Até onde pode ir a função das finanças de aceleradora da produção, do emprego e do lucro?

Há dois limites possíveis: a) o pleno emprego; e b) o risco de crédito. O primeiro se manifesta na disponibilidade limitada de fatores de produção, dos quais a mão-de-obra é o mais importante. Mas, além da escassez de força de trabalho, o crescimento da produção pode esbarrar em outras ofertas inelásticas no curto prazo, como transporte, capacidade de armazenamento, energia elétrica etc. Se o sistema financeiro multiplicar o capital à disposição das empresas "produtivas" além das possibilidades materiais de sua utilização, o mais provável é que os fatores escassos sejam disputados mediante elevação de suas remunerações, o que pode originar alguma inflação. Esta sinalizaria, *neste caso*, é bom frisar, a descolagem das finanças do mundo real.

Pode parecer, à primeira vista, pouco provável que as empresas produtivas tomem emprestado mais capital do que podem utilizar, digamos, com folga, apenas porque ele é colocado a sua disposição pelos bancos. Mas é preciso considerar que os que dirigem empresas formam suas expectativas a partir de suas experiências anteriores. Quando a economia se aproxima do pleno emprego, ela se encontra em crescimento acelerado. Todas as empresas vendem tudo o que ofertam e a preços altos, sem necessidade de conceder descontos ou prazos alongados para o pagamento. Ganham dinheiro como nunca e seus dirigentes ficam ansiosos para aproveitar a boa conjuntura enquanto ela durar. Por isso, as empresas se esforçam para ampliar a produção, mesmo que para tanto se torne necessário "roubar" trabalhadores e administradores de outras empresas mediante a oferta de salários maiores e outras vantagens. Por isso, a situação de pleno emprego não é reconhecida como tal pelos empresários. Antes pelo contrário, eles procuram seus banqueiros para obter financiamento adicional de estoques maiores de matérias-primas e de investimentos destinados a expandir a capacidade de produção das plantas. E se tudo isso tiver de ser feito a custos crescentes, os empresários e seus gerentes não hesitam em pagá-los, já que a pressão da demanda pelos seus produtos facilita a transferência dos custos adicionais aos preços cobrados.

O segundo limite é mais etéreo. Mas a lei das probabilidades indica que, quanto maior e mais diversificado o âmbito financeiro, tanto maior é o risco, isto é, a possibilidade de que o empréstimo não seja devolvido no prazo, acrescido dos juros. Isto pode ser visualizado nos nossos exemplos. Quando eram apenas duas fábricas que se financiavam reciprocamente, cada uma delas só precisava se informar sobre as condições econômicas da outra, para ter uma idéia do risco de não receber de volta no prazo contratado o que emprestara. Já quando o número de fábricas sobe a quatro, o multiplicador aumenta mas o volume de informações que cada uma teria de obter para não ser surpreendida pela inadimplência de alguma devedora passa também a ser três vezes maior.

Na realidade, as fábricas e os demais agentes econômicos raramente se financiam reciprocamente; a maior parte dos créditos é canalizada por meio de intermediários especializados, cujo papel é manterem-se atualizados sobre um grande número de devedores atuais e potenciais. Mas isso não elimina o risco de crédito. Podemos até mesmo supor — o que no entanto não é provável — que os intermediários disponham de informações acuradas e atualizadas sobre todos os agentes econômicos que financiam. Mesmo assim, o risco de crédito persistiria porque, como dissemos no capítulo 3, "a origem básica do risco é a imprevisibilidade da sina humana, imprevisibilidade que é maior numa sociedade regida não pela tradição e rotina mas por competição e inovação".

Os bancos não têm possibilidade de prever a conjuntura econômica, embora a condicionem muito com suas políticas de crédito. Nem eles, nem as empresas e os governos que eles financiam conhecem os limites reais em que podem acelerar o giro do capital social. Em teoria, todos sabem que o pleno emprego existe mas ninguém sabe onde se encontra.

Quando aparece a inflação, os economistas neoclássicos supõem, em geral, que a economia esbarrou nele, mas esta interpretação em muitos casos é errônea. A economia brasileira sofreu surtos inflacionários contínuos e enormes, entre 1981 e 1994, e nem por isso pode-se dizer que estivesse até mesmo perto do pleno emprego. Como todos se recordam, nestes anos infelizes, o desemprego foi grande e as recessões freqüentes.

É difícil generalizar sobre o risco de crédito, pois ele está imbricado no mecanismo do ciclo de conjuntura. Mas podemos propor uma hipótese que possui ao menos uma base racional: quanto mais se expande o crédito e aumenta o multiplicador financeiro do valor, tanto maior se torna a probabilidade de que *a expansão financeira descole da economia real*, o que multiplica o risco financeiro "sistêmico", totalmente distinto do risco representado pelas vicissitudes que atingem cada devedor individual.

A base racional desta hipótese é que, a partir de algum ponto (impossível de determinar de antemão), a expansão financeira provoca uma onda de otimismo nos agentes financeiros, que passam a comprar com avidez cada vez maior ativos de grande risco, tais como ações, imóveis ou então cotas de fundos que aplicam em ações e imóveis.

Este otimismo pode ter por origem o fato de, até então, a valorização financeira ter sido validada pela expansão da produção, do emprego, dos lucros das empresas e dos gastos de consumo das famílias e dos governos. A economia como um todo entra numa fase de crescimento fictício e real, ao mesmo tempo.

O crescimento é fictício porque ações e imóveis se valorizam muito além do que seria justificável pelo aumento da produção e dos lucros.

Como a oferta destes ativos é inelástica aos seus preços*, a procura financeira pelos mesmos provoca sua valorização, a qual provoca por sua vez o aumento daquela demanda. Esta acumulação de efeitos se explica: os que compraram títulos antes tiveram um ganho especulativo, pois eles agora valem mais. Logo, mais especuladores procurarão comprá-los, fazendo com que subam de valor mais uma vez. E assim por diante. Surge um surto especulativo, que em inglês se chama *boom* e em português (talvez mais adequadamente) *bolha*. Enquanto, em país nenhum, o PIB pode crescer mais do que 10 a 15% ao ano, os ativos financeiros podem crescer a tais taxas por mês!

Como pudemos notar, ao discutir o primeiro limite — o pleno emprego — ao crescimento da economia real, o otimismo não se apodera apenas dos agentes financeiros mas também dos empresários, tanto dos já estabelecidos como daqueles que são levados a tentar a sorte, estimulados pelo fervilhar da atividade econômica. Enquanto a bolha financeira cresce dum lado, do outro as empresas multiplicam plantas e linhas de produção, lançam novos produtos e grande número de novos empreendimentos — a maioria de pequena dimensão — abre as portas.

Em tal ambiente, a probabilidade de que ocorram erros de julgamento deve aumentar sensivelmente: negócios que se abrem e em pouco tempo se mostram inviáveis, produtos lançados que enfrentam a concorrência inesperada de outros produtos novos melhores e/ou mais baratos, novos processos produtivos que emperram por contingências inesperadas ou simplesmente pela falta de experiência dos que devem operá-los. O segundo limite — o risco de crédito — consiste em grande parte no efeito destrutivo da pressa, da improvisação e

---

* Uma oferta é inelástica aos preços quando a quantidade de mercadorias ou ativos postos à venda não aumenta tanto quanto crescem os preços das mesmas ou vice-versa, isto é, quando a quantidade posta à venda não diminui tanto quanto os preços decrescem. A oferta de ativos sói ser inelástica aos preços porque os emitentes de títulos — empresas que querem dinheiro emprestado — não têm porque tomar mais dinheiro emprestado só porque há mais dinheiro sendo oferecido. Convém não esquecer que a demanda por títulos corresponde a uma oferta de dinheiro a ser emprestado.

do otimismo generalizado, que caracteriza as fases de alta do ciclo de conjuntura, sobre o crescimento da atividade produtiva, bem antes que o pleno emprego dos fatores se faça sentir. Tudo isso eleva o risco de crédito e ao mesmo tempo limita o crescimento real da economia, enquanto o crescimento fictício dos ativos financeiros prossegue cada vez mais intenso. Deste modo, *as finanças descolam do mundo real.* Porém apenas durante algum tempo, pois mais cedo ou mais tarde o risco de crédito tem de se materializar em índices cada vez maiores de inadimplência. As aventuras empresariais malogradas geram débitos "não operativos", ou seja, que dificilmente serão honrados. O grau de exposição ao risco de muitos intermediários de repente se revela muito maior do que supunham seus dirigentes e depositantes. O descolamento das finanças torna-se inegável e uma vez reconhecido, inviável.

A partir deste momento, os aplicadores e intermediários financeiros que sofreram prejuízos revêem radicalmente sua avaliação do risco de crédito, passando abruptamente do otimismo ao pessimismo. Tratam de liqüidar as aplicações e entesouram o dinheiro resgatado. Ao fazer isso, as cotações de ações e títulos caem, o que ocasiona mais prejuízos a maior número de agentes. A queda das cotações quando a bolha especulativa estoura se explica pela mesma inelasticidade da oferta de títulos aos preços, que antes havia provocado sua subida. A redução dos preços dos títulos não faz com que seus possuidores deixem de vendê-los. Antes pelo contrário, temendo que a queda das cotações prossiga, os possuidores de títulos tratam de vendê-los o quanto antes. Assim, aos poucos o pessimismo vai se espalhando até tomar de assalto o mercado. A crise financeira não é mais do que isso: a mudança para pior das expectativas da maioria, o que tem por efeito a queda vertical da oferta de crédito e das cotações dos ativos financeiros.

A reversão de expectativas se autoalimenta do seu pessimismo, tanto quanto o *boom* se autoalimenta do seu otimismo. Os pessimistas liqüidam suas aplicações, sacam seus depósitos dos bancos e outros intermediários e imobilizam o dinheiro em tesouros. O que implica redução catastrófica do valor dos ativos financeiros. É a alavancagem funcionando ao contrário.

Vimos, que se A deposita cem reais num banco, este adquire setenta reais de cota dum fundo e este compra 49 reais de ações novas, os cem reais iniciais multiplicaram-se, atingindo 219. Agora, em função do pânico, A retira os cem do banco e os guarda no cofre. O banco, ao perder o depósito, é obrigado a vender a cota para refazer suas reservas. E o fundo, do mesmo modo, é obrigado a vender as ações. Portanto, a retirada de cem reais do banco causou uma redução de ativos financeiros no valor de 219 reais.

Como o pânico é coletivo, ele não atinge apenas A mas B, C, D e assim por diante. Todos eles correm aos intermediários, para sacar seus depósitos. Quando o banco em que A fez o seu depósito tentar vender a cota do fundo, inúmeros outros intermediários estarão tentando o mesmo. O aumento da oferta e o encolhimento da procura por cotas faz despencar o seu valor e o mesmo acontece com as ações etc. Em suma, quando o pessimismo toma conta dos mercados financeiros, o valor dos ativos financeiros derrete e muitos intermediários ficam incapazes de honrar as obrigações assumidas com depositantes. Verificam-se perdas enormes, que tomam as formas de bancarrotas e inadimplência crescente.

A deflação dos ativos financeiros representa a eliminação do descolamento, o regresso do capital financeiro ao nível de valorização do capital engajado na produção real. Só que a crise financeira atinge a produção real com brutalidade. Grande parte da classe média participa da especulação financeira, aplicando suas economias em ações e outros títulos financeiros. Na fase do *boom*, a riqueza financeira incha e os possuidores ignoram que se trata de capital fictício. Na fase do estouro, a riqueza financeira encolhe com enorme rapidez. As vítimas de perdas financeiras reduzem seus gastos de modo que a demanda efetiva se contrai, o que causa uma queda equivalente no nível de produção e de consumo.

A autoridade monetária tem por dever supervisionar os bancos e outras empresas financeiras e impedir que se exponham a riscos excessivos. O principal instrumento de que ela dispõe para isso é a exigência de reservas obrigatórias. Outro é o redesconto, pelo qual o banco central adquire ativos de bancos privados para lhes proporcionar maior liqüidez (dinheiro) de modo que possam honrar saques de depósitos. O banco central cobra pelo redesconto uma taxa de juros, que pode ser graduada tendo por objetivo conter ou estimular a oferta de crédito pelos bancos privados.

A maioria dos países, desenvolvidos e semidesenvolvidos, tem bancos centrais, que atuam como autoridades monetárias: impõem a retenção de reservas obrigatórias aos intermediários financeiros, manipulam a taxa de juros de redesconto (ou análoga) e operam no mercado aberto. A utilização destes instrumentos deveria conter as bolhas financeiras, antes que se descolassem demais da economia real, prevenindo assim as crises financeiras. Durante cerca de trinta anos (de 1945 a 1974), de fato, os bancos centrais conseguiram evitar a ocorrência de crises financeiras graves. Mas, depois, os intermediários financeiros conseguiram escapar da supervisão de suas autoridades monetárias, constituindo um mercado internacional de capitais *desregulamentado*. A partir daí, crises financeiras voltaram com crescente violência. Elas serão o objeto da terceira parte deste livro.

RESUMO DAS IDÉIAS PRINCIPAIS

Os bancos devem reter uma parcela do valor total dos depósitos em caixa, como reserva, para poder honrar os saques de depósitos. A reserva se destina a assegurar aos depositantes de que poderão retirar seu dinheiro do banco a qualquer momento.

Enquanto os depositantes confiarem na liqüidez dos bancos, poucos sacarão. Mas, se algum intermediário financeiro de expressão quebrar, a confiança nos demais também fica abalada e há uma corrida aos guichês. Diante da retirada maciça de depósitos, as reservas são sempre insuficientes, de modo que os demais bancos também correm o risco de quebrar.

A autoridade monetária tem por função proteger o sistema financeiro e ela o faz preventivamente, ao impor aos bancos a constituição de reservas obrigatórias muito mais altas do que seriam necessárias em tempos "normais".

Quanto maiores as reservas, menor o multiplicador dos ativos financeiros pela alavancagem, porque de cada depósito é preciso deduzir a porcentagem para a reserva e somente o saldo pode ser reemprestado.

O sistema financeiro produz um multiplicador de valor tanto maior quanto mais numerosos forem os capitais ociosos (dinheiro entesourado) que ele repõe em circulação. Se por efeito dele a economia real se multiplicasse na mesma medida, o valor dos ativos reais e o dos ativos financeiros cresceriam no mesmo ritmo.

Há dois limites ao crescimento do multiplicador do valor financeiro. Um decorre do fato de que o crescimento da economia real esbarra no pleno emprego e outros pontos de estrangulamento materiais. Se o sistema financeiro expandir a demanda efetiva além destes limites — o que ele tende a fazer na fase de *boom* — haverá inflação. A inflação causa prejuízos e por isso é combatida mediante restrições à expansão financeira.

A outra limitação ao crescimento das operações financeiras é o aumento do risco de crédito, isto é, da proporção de empréstimos não devolvidos. Este decorre do superotimismo gerado pela bolha de valorização financeira. O otimismo de muitos empresários faz com que se multipliquem decisões errôneas — fundação de negócios que se mostram inviáveis, lançamento de produtos que se revelam não competitivos, produção adicional que não encontra compradores etc.

Decisões erradas causam falências de empresas, que deixam montanhas de dívidas não pagas. O efeito no sistema financeiro é a desvalorização de ativos financeiros, o que em geral basta para reverter as expectativas. O otimismo cede lugar ao pessimismo, o multiplicador funciona em sentido inverso, ou seja, os bancos cobram os empréstimos e se recusam a fazer novos — cada crédito liqüidado elimina ativos financeiros de valor multiplicado.

O pânico se apossa dos mercados financeiros, todos os agentes viram ursos (só querem vender títulos), grande parte do capital fictício é queimada. A deflação dos ativos financeiros representa o regresso do valor dos ativos financeiros ao nível da economia real.

PARTE II
O RELACIONAMENTO NADA TRANQÜILO ENTRE FINANÇAS E ESTADO

1. Origem e evolução da intermediação financeira

Os bancos, como os conhecemos hoje, têm sua origem em intermediários financeiros cujo negócio principal era emprestar a soberanos, sobretudo quando estes se envolviam em conflitos bélicos. É o que até agora é chamado de "alta finança". Algumas grandes casas bancárias, ainda hoje importantes, como os Rothschild e os Morgan, começaram assim. No século passado, estes bancos de negócios passaram também a financiar grandes obras públicas, como a construção de canais e ferrovias. Mas eles se recusavam a fazer negócios com empresas médias e pequenas, inclusive com as companhias industriais que passaram a se multiplicar a partir do fim do século XVIII.

Ao lado da "alta finança", outros bancos surgiram nos países em que a industrialização e a urbanização suscitaram forte expansão da economia de mercado. Estes bancos tinham origem mais modesta, eram possuídos por comerciantes mais ricos e mais bem conhecidos que passaram a receber depósitos e fazer empréstimos aos seus colegas menores. Nasceram assim os bancos comerciais, de âmbito local e a serviço da "classe média". Os pobres continuaram, como até hoje, a depender de usurários ou, na melhor das hipóteses, de montepios, mantidos pela Igreja.

Todo este panorama mudou radicalmente com a unificação física e econômica de vastos territórios pelas ferrovias, navegação a vapor, telégrafos e telefones. Deste processo surgiu, a partir de 1870, o maior mercado do mundo, nos Estados Unidos. Os empresários daquele país reagiram criativamente a esta oportunidade, inventando a produção em massa. Foi uma segunda revolução industrial, que expandiu enormemente as forças produtivas da humanidade, quando os princípios "americanos" de produção e consumo passaram a ser aplicados no resto do mundo.

A produção e o consumo de massa suscitaram a centralização do capital produtivo, dentro dos países e entre os países. No fim do século passado começaram a surgir as primeiras multinacionais modernas. Em poucas décadas surgiram multiempresas — organizações empresariais que integram em seu seio dezenas ou até centenas de empresas, que passam a atuar sob comando único e pautam seu intercâmbio por intermédio de planos coordenados em lugar de transações em mercados competitivos. As multiempresas passam a dominar os principais mercados de produtos industriais e de serviços prestados em rede, como energia, transporte e comunicações. O sistema financeiro acompanhou a transformação. A partir da segunda metade do século XIX, o capital das multiempresas torna-se "anônimo", formado pelas poupanças de inúmeras pessoas físicas e jurídicas, possuidoras de ações ao portador. Este capital se torna assim "financeiro", pois a ação, embora não seja estritamente um empréstimo, é considerada ativo financeiro*. Uma das conseqüências práticas disso foi a possibilidade de mobilizar somas muito grandes para financiar planos gigantescos de investimento das multiempresas, mediante a venda de ações em leilões diários em bolsas de valores. Surgem novos intermediários financeiros especializados nesta atividade como as corretoras e os fundos mútuos de investimento.

Outra mudança significativa foi a centralização do capital de intermediação financeira mediante sucessivas fusões e aquisições de bancos e companhias de seguros locais. Como resultado, surgem os grandes bancos "varejistas", com milhares de

---

* Uma ação é um título de propriedade, que corresponde a uma cota do capital da sociedade anônima que a emitiu. Mas ela não implica o envolvimento do seu possuidor na gestão da empresa. Do ponto de vista do aplicador, que visa obter dividendos e eventualmente ganhar com a subida da cotação da ação na bolsa, a aplicação de dinheiro é equivalente à compra de um título de crédito, em que os dividendos correspondem ao pagamento de juros. A ação não tem prazo de vencimento (títulos perpétuos também não têm), mas pode ser vendida a qualquer momento no leilão diário da bolsa.

agências e milhões de depositantes. Ao mesmo tempo, a alta finança, formada pelos chamados "bancos atacadistas" (que atendem apenas poucos e grandes clientes) aproxima-se da grande indústria, subscrevendo emissões de ações e financiando aquisições e fusões.

Nos Estados Unidos e na Grã-Bretanha, as multiempresas mantêm-se independentes dos bancos atacadistas e se capitalizam mediante a venda de ações ao grande público. Na Europa continental e no Japão, a acumulação do capital industrial é intermediada por bancos de investimento, que assumem a tutela do processo de centralização do capital e se ligam financeiramente às multiempresas que patrocinam. Nos países que se desenvolvem tardiamente, na América Latina e na Ásia, o papel fomentador da alta finança é desempenhado por bancos estatais. No Brasil, esta função tem sido desempenhada pelo BNDES, pelo Banco do Brasil e por bancos regionais.

Após a Segunda Guerra Mundial, surgiu o estado de bemestar social, formado por uma série de redes de proteção dos trabalhadores assalariados. O sistema previdenciário é em essência um sistema de seguros e portanto financeiro. Como vimos, um contrato de seguro é uma forma especial de empréstimo: os prêmios que o segurado paga são empréstimos, semelhantes aos depósitos em bancos; os prêmios são devolvidos, num valor predeterminado, se e quando ocorre o sinistro. Se até certo prazo o sinistro não ocorrer, muitos contratos prevêem a devolução dos prêmios sob a forma duma renda vitalícia paga ao segurado. A maioria dos seguros de vida tem este formato.

O crescimento do trabalho assalariado e a instituição de sistemas previdenciários, obrigatórios para todos os assalariados, levaram à formação de grandes fundos de poupança forçada, realizada pelos próprios trabalhadores e pelos seus empregadores. Isso não só elevou substancialmente a poupança individual (em contraposição à empresarial e à governamental) mas também colocou valores muito grandes sob a mesma administração financeira. Verificou-se intensa centralização dos ativos financeiros, ou seja, a intermediação financeira tem se concentrado cada vez mais num pequeno número de empresas gigantescas.

Um fator que contribui muito para esta centralização é a economia de escala, a mesma causa da centralização do capital industrial. O principal custo da intermediação financeira é a administração de riscos — *a coleta, o processamento, o armazenamento e a análise de informações.* A razão disso deve ter ficado clara pelo que foi discutido na primeira parte. Intermediários financeiros trabalham com empréstimos e o aspecto mais delicado dos serviços que prestam é a administração de riscos.

Eles são tidos como especialistas na previsão de quais indústrias, empresas e indivíduos irão no futuro ganhar o suficiente para saldar seus débitos e quais não. Como vimos, há muita pretensão vã a este respeito. Mas, mesmo assim, bancos, companhias de seguro, fundos de pensão e outras entidades que administram poupança alheia têm a obrigação de se manter informados, o melhor possível, sobre todos os prestatários, o que implica obter e tratar enorme massa de informações.

Para custear esta atividade — cujos profissionais soem ser bem pagos — o valor dos empréstimos mediados tem que ser muito grande. Isso se traduz em menor competitividade dos bancos, companhias de seguros etc. de menor tamanho, os quais não têm recursos para contratar analistas prestigiosos, formar vastos bancos de dados e publicar boletins com informações exclusivas. Na luta dos intermediários financeiros pelo favor do público, sobretudo dos detentores de grandes recursos, vale tudo, inclusive contratar a preço de ouro ex-ministros e ex-presidentes. O mercado financeiro tornou-se o campo preferencial de trabalho para economistas e outros especialistas.

RESUMO DAS IDÉIAS PRINCIPAIS

Os bancos se originam da "alta finança", grandes intermediários financeiros especializados em emprestar aos soberanos e que no século passado passaram a financiar também obras públicas, como a construção de canais e de ferrovias.

Na Grã-Bretanha, outros bancos surgiram da venda de avais por grandes comerciantes, que em seguida passaram a se dedicar à intermediação financeira. Estes são os bancos locais que têm por clientes empresas de todos os tamanhos.

Na segunda metade do século XIX, é liberada a formação de sociedades por ações, que passam a se multiplicar na indústria, no comércio e também no sistema financeiro. Leilões diários nas bolsas de valores dão liqüidez às ações, de modo que seu lançamento em massa permitiu grande mobilização de poupança e intensa centralização de capitais.

Os mercados financeiros tornam-se oligopólicos, dominados por grandes bancos varejistas, com milhares de agências e milhões de depositantes. A alta finança, formada por enormes bancos atacadistas, passa a financiar também a grande indústria.

Na Europa continental e no Japão, bancos de investimento promovem a centralização do capital industrial e se associam às multiempresas que formam. Nos EUA e na Grã-Bretanha, as multiempresas se financiam mediante lançamento de ações em bolsa, mantendo-se independentes dos bancos de investimento. Nos países de industrialização tardia, o financiamento das grandes inversões em indústria pesada e infra-estrutura é feito por bancos estatais. No Brasil, pelo BNDES e Banco do Brasil, principalmente.

Após a Segunda Guerra Mundial, foram instituídos nos países industrializados sistemas nacionais obrigatórios de previdência social, formando-se com o passar dos anos grandes fundos de poupança forçada, feita em nome de todos os assalariados. Em alguns países, gigantescos fundos privados de pensão expandiram o sistema financeiro.

Como os intermediários financeiros têm como função principal a avaliação de riscos, o seu custo mais importante é a operação que envolve a coleta, o processamento, a análise etc. de informações. Este custo tem explodido sob a forma de ordenados altíssimos de executivos e analistas, o que leva bancos e outros intermediários a se fundir cada vez mais, tendo em vista diluir este custo numa movimentação bilionária de valores.

2. A formação da autoridade monetária

Durante o século XVIII, a Grã-Bretanha era o país mais adiantado do mundo, em que a economia de mercado estava mais avançada. Não por acaso, foi aí que se deu a primeira revolução industrial. Como seria de se esperar, o sistema bancário inglês também era o mais desenvolvido e avançado, servindo de modelo para os demais países. Ele era constituído por um número ponderável de bancos comerciais, de âmbito local, comandados por um dos bancos da alta finança — o Banco da Inglaterra — que ao longo do século se consolidou como o banco da coroa e do governo britânico.

Na época, os bancos faziam empréstimos a empresas e negociantes mediante a entrega de notas promissórias — conhecidas como "notas bancárias" — de sua emissão. Os prestatários usavam as notas para fazer pagamentos, sendo aceitas por quem conhecia o banco e nele confiava. Desta maneira, as notas serviam de quase-moeda, ou seja, de meios de pagamento (ou de substitutos dos mesmos) em determinado âmbito regional. Quando as notas iam para pessoas de outras regiões, elas as mandavam ao banco emissor para serem convertidas em metal (ouro ou prata). Enquanto as notas circulavam, o banco ganhava juros sobre o principal emprestado, sem ter de desembolsar suas reservas metálicas.

O único banco nacionalmente conhecido e cujas notas eram aceitas em todo o país era o Banco da Inglaterra. Em Londres, os bancos comerciais não emitiam notas; faziam empréstimos usando as notas do Banco da Inglaterra. Além disso, quando os mercadores londrinos recebiam em pagamento notas dos outros bancos, procuravam trocá-las por notas do Banco da Inglaterra. Este aceitava as notas dos bancos que considerava dignos de crédito mas não as dos demais. Estes eram prejudicados duplamente: seu papel circulava menos, obrigando-os a desembolsar mais ouro ou prata; e o fato de suas notas não serem "conversíveis" fazia com que os melhores clientes procurassem outros bancos.

Deste modo, adquire o Banco da Inglaterra gradativamente características de *autoridade monetária*. No fim do século XVIII, ele continuava sendo um entre muitos bancos privados, mas distinguia-se deles não só por ser muito maior, mas sobretudo por ser o banco do rei e do governo. Nesta condição, ele desempenhava uma das funções essenciais de autoridade monetária: a supervisão dos demais bancos, dando apoio aos que ele considerava "bons" e condenando à marginalização do sistema os "maus". As notas do Banco da Inglaterra, nesta altura, substituem o ouro como lastro das demais notas bancárias. Os outros bancos passam a manter depósitos no Banco da Inglaterra, que funcionam como reserva monetária de sua emissão de notas.

Em conseqüência deste fato, tornava-se o Banco da Inglaterra "prestamista de última instância". Por ocasião de crises financeiras, que ocorriam aproximadamente a cada dez anos, o Banco da Inglaterra acudia os bancos que sofriam corridas, fornecendo-lhes suas próprias notas, que continuavam tendo aceitação geral. Mas ele se dava o direito de deixar quebrar os bancos que, a seu juízo, tinham emitido notas em excesso. Como o Banco da Inglaterra também era um banco comercial, ou seja, ele também fazia empréstimos a empresas, ele era concorrente dos outros bancos, o que se mostrou incompatível, com o passar do tempo, com suas funções de autoridade monetária, pois estas lhe permitiam levar à falência os seus rivais mais perigosos.

Por ser banco comercial, faltava ao Banco da Inglaterra isenção para julgar os seus concorrentes. A cada crise financeira, os prejudicados pelo fechamento de bancos reclamavam contra a alegada (ou verdadeira?) parcialidade do Banco da Inglaterra, o que o levou finalmente a encerrar as atividades de financiamento a empresas privadas. O Banco da Inglaterra tornou-se então exclusivamente o banco do Estado britânico e o *banco dos bancos*. Suas notas gradualmente substituíram as de todos os outros bancos e tomaram o lugar do ouro e da prata na circulação. Na passagem do século XVIII ao XIX, em função das guerras com a França napoleônica, as notas do Banco da Inglaterra foram declaradas inconversíveis, tornando-se a moeda britânica, por cerca de duas décadas. A partir desta época, as reservas de ouro e prata do país passaram a ficar em depósito no Banco da Inglaterra, que acabou tendo o encargo de administrá-las. Em época de guerra, a moeda-papel sofre pressões inflacionárias, o que restringe sua aceitabilidade no exterior. O país tinha de fazer seus pagamentos ao resto do mundo cada vez mais em ouro ou prata, o que tornava a administração das reservas metálicas de importância crucial tanto para travar guerras como para assegurar as importações essenciais. Desde então, uma das funções mais importantes dos bancos centrais é a gestão das reservas cambiais do país e a sustentação (ou não) da taxa cambial, ou seja, do valor externo da moeda nacional.

* * *

Desde o início do século passado, outros países trataram de copiar o sistema monetário britânico. Em 1791, a nova república dos Estados Unidos criou um banco dos Estados Unidos, tomando o Banco da Inglaterra como modelo. Em 1800, Napoleão fundou o banco da França, com o mesmo propósito. Em 1808, D. João VI criou o Banco do Brasil. Outros países que criaram seus bancos centrais por essa época foram a Finlândia (1811), a Holanda (1814), a Áustria (1816), a Noruega (1816) e a Dinamarca (1818). Em 1900, 18 países tinham bancos centrais, vinte anos depois eram 23, em 1940 já eram 41, em 1960, oitenta e em 1991, 161. (Capie *et alii*, 1994, p.6)

RESUMO DAS IDÉIAS PRINCIPAIS

No século XVIII, a Grã-Bretanha era o país em que a economia de mercado estava mais avançada e seu sistema bancário era o mais desenvolvido. Ele era comandado por um banco da alta finança — o Banco da Inglaterra.

Na época, cada banco emitia sua moeda-papel, que funcionava como dinheiro na região em que o banco era conhecido. Só as notas do Banco da Inglaterra tinham aceitação nacional e por isso serviam de lastro às notas dos bancos locais. O Banco da Inglaterra aceitava as notas de alguns bancos e não as de outros, o que prejudicava os últimos.

Paulatinamente, o Banco da Inglaterra foi se tornando o supervisor dos demais bancos e ele socorria com suas próprias notas bancos em dificuldades, quando considerados dignos de serem salvos. Ele assume a função de "prestamista de última instância".

Para se tornar autoridade monetária, o Banco da Inglaterra deixou de exercer o negócio de banco comercial e de investimentos. Tornou-se unicamente o banco dos bancos. Suas notas substituíram as dos outros bancos, assim como/o ouro e a prata, na circulação. Tornou-se banco central e emissor da moeda legal.

Nesta função, o Banco da Inglaterra passou a administrar as reservas metálicas do governo e em decorrência assumiu a responsabilidade pela taxa cambial, ou seja, pelo valor externo da moeda nacional.

O sistema bancário inglês foi imitado pelos demais países nos últimos duzentos anos. Em 1991, havia bancos centrais em cento e sessenta e um países.

3. A política monetária

Atualmente, a circulação monetária em todos os países é fiduciária, ou seja, os meios de pagamento são simbólicos e seu valor não está garantido por qualquer mercadoria real. Eles são aceitos pelos agentes econômicos *em confiança*, diferentemente do passado em que notas de papel podiam — ao menos em tese — ser trocadas por quantidades previamente especificadas de ouro ou prata. Daí o termo: circulação *fiduciária*.

Neste tipo de circulação, o valor da moeda é dado pelo seu poder de compra, que depende dos preços de todos os produtos e serviços, cotados na referida moeda. Estes preços são resumidos em índices de preços. Um dos mais usados, no Brasil e no exterior, é o Índice de Preços ao Consumidor (IPC), que mede o custo de vida. O valor duma moeda, digamos do real, é igual ao inverso do custo de vida, ou seja, do Índice de Preços ao Consumidor. O que permite concluir que, se houver inflação, a moeda perde valor. Os índices de preço servem para medir o valor da moeda. Se o custo de vida sobe, digamos 10%, a moeda perde 9,1% de seu valor*.

As possíveis causas da inflação são múltiplas: herança da inflação do período anterior, lutas distributivas, choques externos que encareçam importações etc. etc. Todas elas pressionam os preços para cima, o que expande a demanda dos agentes por dinheiro. Este aumento de demanda pode ser aceito,

---

* O cálculo é feito do seguinte modo: no momento t1 o índice de preços = 100; no momento t2 ele passa a ser = 110. No momento t1, o valor da moeda = 100 : 100 = 1; no momento t2 ele passa a = 100 : 110 = 0,9090909... A diferença entre 1 e 0,90909009... é cerca de 0,091 ou 9,1%.

ratificando-se a inflação pela elevação da oferta de moeda, ou pode ser negado, procurando-se estrangular o impulso inflacionário, o que acarreta elevação dos juros, corte do crédito, queda das vendas, do nível de atividade e de emprego etc. *A administração da oferta de moeda é a essência da política monetária*, que hoje em dia é sempre decidida e executada pela autoridade monetária.

Atualmente, as principais funções da autoridade monetária são: controlar a oferta de moeda e a taxa cambial, supervisionar, fiscalizar, amparar e "sanear" o sistema financeiro, financiar o governo nacional, o que implica manter em depósito as receitas públicas e administrar a dívida pública. Examinaremos a seguir os instrumentos de que dispõe o banco central para se desincumbir destas tarefas. Mas convém sublinhar desde já que o sistema financeiro não é parte integrante do setor privado da economia, como o é a intermediação de carros usados, de selos e outros bens não reproduzíveis. O sistema financeiro, por ser encabeçado pela autoridade monetária, integra o setor público da economia, mesmo sendo a maioria dos intermediários financeiros constituída por firmas privadas.

O pensamento liberal interpreta o sistema financeiro como sendo um mercado — de dinheiro (crédito de curto prazo) e de capitais (empréstimos de prazo mais longo) — semelhante aos demais. Segue daí a proposta de "independência do banco central", cujo papel se reduziria ao manejo da oferta de moeda tendo por finalidade única a estabilidade dos preços. Os liberais mais extremados vão além e propõem que o banco central seja abolido, privatizando-se a produção de dinheiro. Hayek, por exemplo, propôs que cada banco pudesse emitir notas, oferecendo seu dinheiro ao público. Este por suposto seria racional e perfeitamente informado. Logo ele preferirá usar o dinheiro mais digno de confiança, ou seja, cuja quantidade posta em circulação segue mais de perto o valor das transações a serem liqüidadas. Nenhum país, por enquanto, animou-se a colocar tal projeto em prática.

Na realidade, o sistema financeiro é hoje também o sistema monetário, e a gestão da oferta de moeda é decisiva para controlar o nível de consumo, atividade e emprego em qualquer país. Por isso ele tem de ser comandado pelo poder público, assim como o sistema de telecomunicações e de energia. A economia real moderna depende de alguns sistemas nacionais de coordenação e informação, sem os quais não funciona. O sistema financeiro e monetário é talvez o mais importante deles.

RESUMOS DAS IDÉIAS PRINCIPAIS

No passado, a circulação de moeda-papel era lastreada em ouro ou prata, ou seja, o portador de notas podia adquirir na casa da moeda ouro ou prata a um preço fixado em lei. Hoje, esta garantia não existe mais, por isso a circulação é fiduciária, ou seja, a moeda é aceita pelo público em confiança.

O valor da moeda fiduciária é dado pelo seu poder de compra, portanto pelo inverso do Índice de Preços ao Consumidor (IPC). Se o IPC sobe, o valor da moeda baixa e vice-versa.

Havendo inflação, a demanda dos agentes por meios de pagamento sobe porque a elevação dos preços aumenta o valor das transações que têm de ser pagas. A autoridade monetária pode expandir na mesma medida a oferta de meios de pagamento, o que ratificaria o aumento de preços. Mas ela também pode se recusar a expandir a oferta de moeda, para quebrar o impulso inflacionário, mediante o lançamento da economia em recessão.

As principais funções da autoridade monetária são controlar a oferta de moeda e a taxa cambial, supervisionar e comandar o sistema de intermediação financeira, administrar a caixa do governo nacional e a dívida pública.

O sistema financeiro integra o setor público da economia, mesmo sendo os intermediários firmas privadas. Os liberais vêem o sistema financeiro como um mercado de dinheiro e de capitais, semelhante aos outros mercados. A única função do Banco Central seria administrar a oferta de meios de pagamentos tendo em vista preservar o valor da moeda. O banco central deveria ser independente do governo para poder obrigá-lo a não gastar além do que arrecada. Os liberais acham que a necessidade de agradar os eleitores faz com que os governos se excedam nos gastos.

O sistema financeiro é hoje também o sistema monetário, sendo a gestão da oferta monetária decisiva para controlar o nível de consumo, de atividade e de emprego. Por isso ele tem de ser comandado pelo banco central, parte integrante do poder público. E é vital que o governo possa efetivamente coordenar a política econômica, subordinando o banco central aos seus objetivos, que vão além da defesa do valor da moeda.

4. Relações entre as finanças e a política monetária

Importa entender a natureza da moeda nas economias nacionais. Ela não somente é fiduciária, como vimos, mas ela também é financeira. A moeda é um ativo financeiro, que, como sabemos, não passa de um empréstimo. Fazemos pagamentos com empréstimos, inclusive liqüidamos empréstimos com empréstimos. É paradoxal, mas verdadeiro.

O dinheiro toma hoje diversas formas: uma é de *moeda legal*, que é o dinheiro emitido pela autoridade monetária e que consiste nas notas emitidas pelo banco central (ou pelo tesouro nacional); outra é de *moeda escritural*, que é o dinheiro depositado em bancos, com o qual efetuamos pagamentos por meio de cheques ou cartões de crédito. Convém esclarecer que, no caso destes pagamentos, o cheque e o cartão de crédito não são o dinheiro mas o instrumento de movimentação do dinheiro, que é sempre o depósito bancário. Existem ainda outras formas de dinheiro, que podem ser consideradas moeda ou quase-moeda, sendo todas ativos financeiros: certos depósitos a prazo, títulos da dívida pública prontamente negociáveis etc.

A própria moeda legal é um título de dívida do emissor, digamos do banco central. A moeda legal é posta em circulação pelo governo gastando-a, pagando compras, salários ou parte da dívida pública*. Ao fazer isso, o governo muda a

---

* A emissão de moeda legal gera uma renda ao governo, que se chama *seignoriage* ou senhoriagem e tem como origem a taxa cobrada pelos soberanos pela cunhagem de ouro ou prata em peças. Até o século passado, a moeda legal era constituída por tais peças, fabricada na Casa Real da Moeda. As pessoas podiam trocar o metal em barra por um número de peças, cujo peso era no

forma das dívidas que liqüidou, pois em seu lugar colocou moeda legal em circulação, que por definição é parte do passivo do banco central. Mas isso que o governo faz — pagar dívida com dívida, ou empréstimo com empréstimo — os demais agentes também fazem. Quando A paga a B com um cheque, o valor é debitado da conta de A e creditado na de B. O que ocorreu? A transferiu a B um crédito que tinha contra o banco; B tinha um crédito contra A, agora tem um crédito contra o banco.

Aparentemente nada mudou. Uma dívida privada (de A para B) foi paga transferindo ao credor um crédito que o devedor tinha contra o banco. Na carteira de B, o credor, um crédito contra um agente privado foi substituído por um crédito contra um banco. A grande vantagem para B é que ele não podia usar o crédito contra A para pagar outros agentes, mas o crédito contra o banco, sendo à vista, é dinheiro, meio para fazer pagamentos aceito por todos.

Do ponto de vista macroeconômico, o pagamento feito por A reduz o montante de capital portador de juros agregado, pois a dívida para B, que constituía um ativo financeiro, foi liqüidada, deixou de existir. O depósito com que ela foi paga mudou de mãos, mas não de valor. *O pagamento de dívidas com dívidas reduz o estoque total de dívidas, que é o capital a juros agregado.* O qual cresce quando novos créditos são concedidos, o que equivale dizer: quando novas dívidas são feitas.

Não há como obrigar o banco a "pagar" a dívida com outro valor que não um crédito que possa ser usado prontamente para adquirir qualquer mercadoria. O credor (B no exemplo) usa o crédito contra o banco para pagar alguma compra ou dívida etc. transferindo-o para outro agente, digamos C. O sistema monetário nos permite realizar transações reais. No passado, pagávamos transações reais com uma moeda-mercadoria, na forma de moeda metálica; depois, passamos a pagar com moeda-papel, em tese conversível em metal, na prática

---

entanto menor, sendo a diferença a senhoriagem. Hoje, a moeda é simbólica, sua fabricação tem custo real negligenciável. Por isso, todo o seu valor é renda pública líquida.

inconversível sempre que todos os portadores do papel tentassem convertê-la ao mesmo tempo. Finalmente, a ficção da conversibilidade dos signos de valor foi abandonada e o pagamento passou a ser feito com ativos financeiros, títulos de crédito/débito. A moeda de crédito é tão eficaz na liqüidação de débitos quanto suas antecessoras.

Estas mudanças de forma da moeda têm, no entanto, efeitos sobre a política monetária, ou seja, sobre como a oferta monetária é administrada. A moeda metálica era ganha ou perdida por um país nas transações com o resto do mundo, pois os saldos comerciais entre nações eram liqüidados em metal. A moeda-papel podia ser criada pelo sistema de crédito, mas dentro de limites dependentes do valor do lastro metálico. A oferta de moeda continuava a depender de transações com o resto do mundo, mas com um grau de liberdade a mais, dado pela relação cambiante entre lastro e moeda-papel em circulação. Agora, a determinação da oferta de moeda depende em parte (pois os bancos comerciais também influem) da autoridade monetária, ou de sua vontade política.

A moeda legal, também chamada "espécie" [em inglês *cash*], sendo dívida emitida pelo Estado, têm *status* privilegiado: sua circulação é forçada, ou seja, qualquer residente do país é obrigado por lei a aceitá-la em pagamento. Isso contrasta com a moeda escritural, emitida por particulares, que pode não ser aceita por quem não confia no emissor. Alguns vendedores, por exemplo, não aceitam pagamento por cheque. Mas ninguém deixa de aceitar pagamento em reais no Brasil, dólares nos EUA etc.

Além disso, a moeda legal é um símbolo do país, ao lado da bandeira, do hino, do nome oficial da nação etc. Há uma associação na mente do público entre o valor da moeda e a força e o prestígio da nação. Finalmente, a moeda legal é conservada pelos bancos para servir de reserva, dando aos depositantes uma certa garantia de que podem sacar seu dinheiro em espécie a qualquer momento.

A política monetária é feita pelo banco central manipulando a oferta total de crédito através de sua capacidade de reduzir ou aumentar a oferta de moeda legal. Para explicar isso, comecemos com os objetivos da política monetária. Estes costumam ser: a) manter a atividade econômica em crescimento com pleno emprego da força de trabalho e demais fatores de produção; b) evitar déficits no balanço de pagamentos, que são saldados com moeda forte, desfalcando as reservas cambiais do país; e c) evitar a inflação ou combatê-la, se já existe, estabilizando os preços.

A política monetária influi poderosamente no nível de atividade. Quando ela expande a disponibilidade de crédito para consumidores e empresários, estes ampliam seus gastos, o que provoca subida do nível de produção e de emprego. A política monetária oposta, que reduz o crédito para consumidores e empresários, obriga-os a repagar suas dívidas mediante diminuição de gastos, o que faz cair produção e emprego. Governos soem assumir a responsabilidade de praticar *política macroeconômica visando a um crescimento "ótimo" ou desejável da economia* e a política monetária é o instrumento mais poderoso para alcançar tal objetivo. O outro instrumento é o gasto público, mas este está hoje consideravelmente enfraquecido em muitos países pela privatização das empresas estatais e a entrega dos serviços públicos a concessionários privados.

O *equilíbrio do balanço de pagamentos* depende de muitos fatores, que condicionam o relacionamento comercial e financeiro do país com o resto do mundo. A política monetária interfere fortemente neste equilíbrio ao determinar o câmbio, ou seja, o valor da moeda nacional em relação ao das demais moedas. A maioria dos países procura limitar a flutuação do câmbio em determinadas "bandas", que são faixas percentuais acima e abaixo dum valor médio. Assim, o banco central brasileiro fixava (antes de 13.1.99) o câmbio brasileiro em, digamos, R$ 1,20 por dólar com bandas de 3%. Isso significa que o banco central permitia que o valor do dólar variasse entre R$ 1,164 e 1,236.

Sendo gerente das reservas cambiais do país, o banco central é naturalmente o maior comprador e vendedor de dólares e outras divisas. Se a cotação do dólar ameaçar furar a banda superior (subir acima de R$ 1,236), o banco central vende parte de suas reservas até que a cotação volte a ficar dentro dos limites fixados. Se ocorrer o oposto (a cotação descer abaixo de R$ 1,164), o banco central compra dólares e divisas até que ela retorne às bandas.

Hoje em dia (fim de 1999), o banco central adota um "câmbio flutuante", tolerando maior variação do mesmo, mas intervindo no mercado ora como comprador ora como vendedor de dólares, quando julga excessivas as oscilações do valor externo da moeda. Ao determinar o câmbio, o banco central influi poderosamente no preço relativo de mercadorias e serviços exportados e importados. Uma baixa do câmbio [=valorização externa da moeda nacional] estimula a importação e desestimula a exportação, porque encarece em dólar tudo o que custa reais (exportações) e barateia em dólar tudo o que se paga em reais (importações). Uma alta do câmbio [=desvalorização externa da moeda] tem evidentemente efeito oposto.

A política cambial é parte integrante da política monetária, porque os saldos do balanço de pagamentos batem na oferta de meios de pagamentos. Se em determinado ano o saldo for positivo, haverá uma entrada de divisas no país, que acabarão sendo vendidas ao banco central, somando-se às reservas cambiais; desta maneira, o banco central gasta moeda legal para adquirir dólares e parte dela vai aumentar a reserva dos bancos, o que lhes permite ampliar o crédito. Se o saldo do balanço de pagamentos for negativo, o banco central vende parte das reservas cambiais para cobri-lo, recebendo moeda legal em troca. Esta sai, em parte, das reservas bancárias, obrigando os bancos e conceder menos empréstimos, de modo a reduzir o valor dos depósitos, ajustando-os ao nível mais baixo de reservas.

Há assim uma compatibilização natural da política cambial com a monetária. Quando o saldo do balanço de pagamentos é positivo, isso quer dizer que o país produz mais do que consome (pois vende ao resto do mundo mais do que compra dele, tanto mercadorias e serviços como ativos financeiros). O efeito monetário deste fato é ampliar o consumo interno, possivelmente reduzindo o saldo positivo no futuro. No caso do saldo ser negativo, o efeito monetário é oposto: redução da oferta de crédito e portanto do consumo. O que é (digamos) adequado, pois o país consumia mais do que produzia e a restrição do consumo deve reduzir no futuro o saldo negativo com o resto do mundo.

A *estabilidade dos preços* é outro objetivo da autoridade monetária, que ela persegue modulando a oferta de moeda escritural conforme evolua o índice de preços. Se este subir acima da meta inflacionária, a política monetária tenderá a ser mais restrita para corrigir o que se supõe ser um excesso de demanda efetiva, ou seja, excesso de compras de mercadorias em relação à quantidade posta à venda. Se o índice de preços ficar abaixo da meta inflacionária e sobretudo se ele diminuir [o que equivale à deflação], a política monetária tenderá a ser expansiva para suscitar um aumento da demanda efetiva.

Na realidade, inflações crônicas e elevadas, com reajustamento monetário generalizado, como ocorreram no Brasil e em outros países, não podem ser eliminadas pela política monetária porque a elevação de preços e custos é contínua e reciprocamente condicionada. Por menor que seja a procura, os preços não podem deixar de subir porque os custos que os condicionam já aumentaram. Por isso, neste tipo de inflação, a política monetária restritiva do crédito ocasiona fortes recessões e apenas uma queda limitada do ritmo de crescimento dos preços. A perda social ocasionada pela diminuição do consumo e do emprego é desproporcionalmente grande em relação ao ganho de menor inflação. Mas surtos inflacionários recentes e de pequena dimensão podem ser eventualmente eliminados mediante a redução da oferta de crédito, que enseja um ambiente de superprodução, no qual quem aumenta seus preços está sujeito a sofrer severas perdas de vendas.

Os instrumentos de que se vale o banco central para fazer política monetária são: 1. elevação ou redução do valor das reservas em relação ao dos depósitos; 2. operações de mercado aberto; e 3. redesconto de duplicatas e outros títulos oriundos de transações comerciais.

Como já foi visto, o banco central obriga os bancos a conservar determinada soma em moeda legal, proporcional ao total de depósitos. Dentro do que autoriza a lei, o banco central pode aumentar ou diminuir esta proporção. Quando ele aumenta a proporção de reservas, os bancos são obrigados a reduzir o montante de depósitos mediante a concessão de menos empréstimos. A redução generalizada de crédito suscita a elevação das taxas de juros, ensejando queda da demanda e portanto da produção e do emprego. Se o banco central visar o efeito oposto, ou seja, aumento da demanda, da produção e do emprego, com queda das taxas de juros, basta-lhe reduzir a proporção de reservas, exigida dos bancos.

Através do "mercado aberto", que é um leilão diário de títulos, o banco central regula o montante de moeda legal em poder dos bancos e do público não bancário. Como administrador da dívida pública, o banco central sempre tem em carteira ponderável volume destes títulos, que ele pode vender ou comprar. Quando ele vende, os bancos e outros intermediários financeiros os pagam em moeda legal, que sai assim de circulação. Neste caso, os bancos "perdem" reservas e, como já vimos, as reconstituem reduzindo o crédito ao setor privado. Quando o banco central compra os títulos da dívida pública, o pagamento em moeda legal vai, em grande parte, ampliar as reservas dos bancos, que em seguida expandem os empréstimos às empresas e pessoas físicas, pois é assim que ganham juros.

O terceiro instrumento de política monetária do banco central é o redesconto, que abordamos ao final da primeira parte. Por meio dele, o banco central aumenta a liquidez dos bancos que sofrem saques de valor muito superior aos novos depósitos, o que quase sempre é sinal de que eles estão perdendo a confiança dos depositantes. Ao contrário dos outros dois instrumentos, que são utilizados por iniciativa do banco central, o redesconto é'acionado por iniciativa dos bancos que a ele recorrem. Mas cabe ao banco central decidir em que medida e em que condições ele vai atender os bancos necessitados de liquidez. Se o banco central resolve praticar uma política generosa de redescontos — sem limites de valor e a juros baixos —, isso permite aos bancos ampliar os empréstimos ao público, com efeitos expansivos sobre a atividade econômica. Se o banco central prefere, porém, fazer uma política restritiva de redesconto — limitando o valor dos títulos que ele se dispõe a redescontar e a juros altos —, ele impõe aos bancos todos maior prudência na concessão de empréstimos, o que no caso dos bancos ilíquidos implica redução drástica de novos empréstimos, com efeitos recessivos sobre a conjuntura econômica. Os três objetivos da política monetária não são facilmente compatíveis, sobretudo o da estabilização dos preços e o do pleno emprego dos fatores. É muito improvável que se possa conservar uma economia na situação invejável de ter inflação zero com desemprego zero. O que em geral acontece é que uma inflação bem baixa requer, se não houver controle sobre os preços básicos, um nível de atividade muito aquém do pleno emprego. E vice-versa: um nível de atividade que permita o pleno emprego dos fatores, não havendo controle dos preços, em geral produz inflação acima do tolerável*.

Quando as condições econômicas externas evoluem desfavoravelmente, o balanço de pagamentos tende a apresentar saldo negativo. Isso pode resultar de fuga de capitais do país, de queda das exportações ou de seu valor e/ou de um aumento do volume ou valor das importações. Em todos estes casos, o dilema do banco central é ou resignar-se a perder parte das reservas cambiais ou racionar o uso de divisas, visando reduzi-lo, e aumentar o câmbio. As duas opções afetam os outros objetivos macroeconômicos.

A perda de divisas, como vimos, reduz a oferta de moeda e portanto impõe a queda da atividade econômica e o aumento do desemprego. É a política favorecida pelos liberais, porque ela permite à economia retornar ao equilíbrio externo via mecanismos de mercado. A redução da demanda efetiva faz cair as importações e deixa mais produtos para serem exporta-

---

* Inflação tolerável não é a mesma para diferentes classes. Classes proprietárias, de imóveis e/ou de ativos financeiros, querem inflação mínima, pois temem a desvalorização de seus patrimônios e rendas. Já as classes empresariais e trabalhadoras toleram mais inflação, se esta for o preço de mais crescimento econômico, pois seus ganhos dependem do dinamismo das atividades. Acontece que as classes proprietárias e empresariais se sobrepõem em boa medida, pois muitos empresários também são proprietários. Isso talvez explique a profunda divisão do empresariado entre liberais e intervencionistas.

dos. Os preços ficarão mais estáveis e — se a recessão for severa — poderão até cair. O câmbio não precisa aumentar, o que evita perdas para os investidores estrangeiros, pois estes convertem seus investimentos e rendimentos em moeda forte ao retirá-los do país. As classes proprietárias ficam portanto protegidas, enquanto todo peso do ajuste cai sobre os trabalhadores, que perdem emprego, e empresários, que perdem volume de vendas, lucros e — se estes forem substituídos por prejuízos — o próprio capital.

A política alternativa é defender o nível de atividade e emprego, encarecendo o câmbio e controlando a saída de divisas do país. Esta solução é a favorita dos "keynesianos" e dos intervencionistas em geral, que priorizam o combate à recessão e ao desemprego. A desvalorização da moeda corrige o desequilíbrio externo via mais exportação e menos importação, o que favorece o crescimento econômico. Mas para que esta política seja efetiva, é preciso que o encarecimento das importações e exportações, em moeda nacional, não contamine os demais preços, da força de trabalho (salários) e dos serviços não transacionados internacionalmente. Se todos os preços subirem tanto quanto o câmbio, os efeitos da desvalorização se perdem, o desequilíbrio externo volta, agravado pelo aumento da inflação.

Uma política de desvalorização externa da moeda articulada com aceleração da atividade possivelmente requer a negociação de acordos de preços e salários, em cada um dos setores da economia, em que trabalhadores e empresários aceitem perdas limitadas imediatas de rendimento real em troca de ganhos futuros, derivados do aumento do produto social. Acordos desta espécie foram negociados nas Câmaras Setoriais que funcionaram no Brasil no início dos anos 1990. Em diversos países europeus, acordos de preços e salários contribuíram decisivamente para compatibilizar os três objetivos da política monetária. Todas estas políticas são repudiadas pelos liberais porque constituem decisões coletivas, negociadas fora do mercado, que interferem no funcionamento do mesmo.

RESUMO DAS IDÉIAS PRINCIPAIS

A moeda atual é um ativo financeiro. Fazemos empréstimos com empréstimos e liqüidamos empréstimos com empréstimos. A moeda legal é um título de débito da autoridade monetária, que a emite. A moeda escritural é um título de débito emitido por banco em troca dum depósito em dinheiro.

A moeda legal é posta em circulação pelo governo (banco central), ao gastá-la em compras ou em pagamento de salários etc. A renda auferida pelo governo pela emissão de moeda legal é a senhoriagem. A palavra designava originalmente taxa cobrada por soberanos pela cunhagem de ouro ou prata em peças. Com a moeda fiduciária, o valor total da emissão de moeda legal torna-se senhoriagem.

Os meios de pagamento se distinguem dos demais títulos por serem prontamente aceitos por todos. Quando uma dívida é liqüidada com outra, o estoque total de dívidas cai; quando um novo crédito é concedido surge um novo ativo financeiro e o montante total de dívidas aumenta.

Em geral, a política monetária tem três grandes objetivos: manter a economia em pleno emprego, estabilizar os preços e equilibrar o balanço de pagamentos. Mas esses três objetivos são difíceis de compatibilizar. Geralmente, uma economia em pleno emprego tende a ter inflação e déficit nas contas externas.

A política monetária influi sobre o nível de atividade e de emprego. Para elevar este nível, o banco central expande a oferta de moeda e reduz as taxas de juros. O efeito é elevar a demanda de consumo e por bens de capital, o que contribui para ampliar a produção e o emprego. A contração da oferta de moeda tem o efeito oposto.

A política cambial tem em vista equilibrar o balanço de pagamentos. Para encorajar as exportações e desincentivar as importações, o banco central permite ou até promove a desvalorização externa da moeda nacional. E vice-versa. Ele pode valorizar externamente a moeda para estancar a inflação, pois o barateamento das importações impede que os industriais e agricultores possam aumentar os preços de seus produtos no mercado interno.

A política monetária também é usada para preservar a estabilidade dos preços. A autoridade monetária corta a oferta de moeda se a inflação estiver alta e amplia a oferta de moeda se os preços baixarem. Mas a política monetária só é eficaz contra surtos recentes e pequenos de inflação. Quando esta é crônica e alta, sendo regida por reajustamentos monetários generalizados, as restrições ao crédito produzem muito mais recessão do que maior estabilidade de preços.

O banco central obriga os bancos comerciais a reter em moeda legal uma determinada proporção do total de depósitos. Para reduzir a oferta de moeda escritural, o banco central pode elevar a proporção obrigatória de reservas; os bancos comerciais são obrigados a reduzir, na mesma proporção, os depósitos ativos que são créditos que concedem ao público. E para aumentar a oferta de moeda escritural, o banco faz o contrário: diminui a proporção de reservas a ser mantida obrigatoriamente pelos bancos.

O banco central controla a quantidade de moeda legal mediante o "mercado aberto", retirando dinheiro da circulação com a venda de mais títulos públicos ou pondo dinheiro nela com a compra de tais títulos.

O banco central redesconta títulos de bancos comerciais, pagando com moeda legal, o que vai elevar as reservas dos mesmos. O redesconto restaura a liqüidez de bancos que a careciam.

A manutenção da inflação próxima ou abaixo de zero é a alternativa preferida pelos proprietários de ativos financeiros, que temem sobretudo a desvalorização de seus patrimônios e rendas. Já empresários e trabalhadores sofrem mais com a recessão e o desemprego e por isso tendem a tolerar alguma inflação.

Estas disputas se agudizam quando as contas externas se deterioram, por efeito de mudanças no resto do mundo ou de fugas de capital. Os interesses representados pelo liberalismo preferem neste caso que o banco central corte o crédito e lance a economia em recessão, fazendo com que caia o consumo e a produção, o que ajuda a restabelecer o equilíbrio externo, com inflação zero ou negativa.

Já os interesses representados pelo intervencionismo preferem que o equilíbrio seja restabelecido pela desvalorização externa da moeda. Esta provoca o aumento da exportação e a queda da importação, estimulando o crescimento da atividade e do emprego. Mas cresce o risco de que o aumento dos preços das importações e exportações contamine os demais preços. Para combater o perigo da inflação alta, sem estrangular o crescimento, é preciso negociar a contenção de preços e salários nos diversos setores da economia.

5. Sistemas internacionais de pagamentos

Ao longo dos últimos 150 anos, os sistemas monetários têm sofrido mudanças na maioria dos países. A globalização das economias capitalistas induz a homogeneização destes sistemas, pois o estreitamento dos intercâmbios requer crescente coordenação e harmonização dos sistemas de pagamento das diversas nações. As trocas internacionais de mercadorias e as inversões internacionais de capital geram elevado volume de débitos/créditos entre partes residentes em países distintos. É do interesse de todos os envolvidos nestes intercâmbios que o valor relativo das moedas e o custo em juros dos créditos em ambos os países sejam previsíveis e sujeitos a regras conhecidas e respeitadas.

O primeiro sistema moderno de pagamentos, instituído paulatinamente em crescente número de países a partir de meados do século XIX, foi o *padrão ouro*. Ele consistia essencialmente na obediência à regra de manter o valor da moeda nacional fixo em relação ao ouro. O que se traduzia na conversibilidade das moedas nacionais em ouro: circulava moeda-papel, sob a forma de notas emitidas pelo banco central, mas qualquer portador deste dinheiro poderia comprar ouro (sob a forma de peças cunhadas) do banco central a um preço fixo e conhecido.

O resultado deste sistema é que o valor do meio circulante tinha de manter uma relação constante, em geral determinada por lei, com as reservas de ouro no banco central. Este ouro era adquirido mediante saldos positivos do balanço de pagamentos ou era perdido quando estes saldos se tornavam negativos. A política monetária consistia em fazer o montante de moeda legal e escritural acompanhar as oscilações das reservas de ouro. O que excluía qualquer outro objetivo da política monetária senão manter a conversibilidade da moeda nacional em ouro, à paridade declarada.

O padrão ouro funcionou até a grande crise financeira dos anos 30, mas muitos países o abandonavam por ocasião das crises cíclicas. No Brasil e em outros países exportadores de produtos primários, as crises eram induzidas do exterior, sendo atingidos pela queda do valor e do volume de exportações, causada pela redução da demanda nos países industrializados em crise. Ao mesmo tempo, os investidores estrangeiros tratavam de repatriar seus capitais para cobrir prejuízos causados pela crise em seus países de origem. A crise tomava portanto a forma de uma piora em geral catastrófica das contas externas: caía a receita das exportações e as reservas cambiais (ouro) eram depauperadas pela retirada dos capitais estrangeiros.

O efeito era a perda da maior parte das reservas de ouro, o que tornava o país inadimplente (incapaz de servir sua dívida externa) e sem recursos para sustentar a conversibilidade da moeda. Nestas circunstâncias, a única solução era abandonar as regras do padrão ouro e tornar a circulação monetária fiduciária. Mas isso permitia ao governo emitir mais moeda legal e ampliar o crédito às atividades produtivas, afetadas pela semiparalisia do comércio externo. Ao mesmo tempo que esta política monetária expansiva recuperava a demanda efetiva, o câmbio subia, compensando em moeda nacional parte das perdas dos exportadores. E a falta das mercadorias importadas, tornadas escassas e caras pela crise, ensejava sua substituição por produtos nacionais. Deste modo, libertos da compulsão do padrão ouro, alguns países da periferia logravam superar a crise antes mesmo que os países do centro.

Quando, nos países industrializados, a crise também era superada e a exportação voltava a crescer, em valor e quantidade, o ouro retornava ao país subdesenvolvido, as dívidas não pagas eram consolidadas e seu vencimento escalonado. No fim o país voltava ao padrão ouro... até a crise seguinte. Nos países industrializados, porém, que sofriam perda de ouro, a crise era agravada pela forte redução da oferta de moeda e de crédito. *As regras do padrão ouro agravavam as oscilações de conjuntura.* Quando a economia estava em alta, as reservas de ouro tendiam a crescer pela entrada de inversões externas, o que permitia expandir a moeda escritural, reforçando o crescimento da demanda efetiva e portanto da atividade e do emprego. Quando a economia entrava em crise, os capitais tendiam a fugir dela, o que implicava saída de ouro, portanto maior restrição de crédito, alta de juros e inadimplência generalizada. O que acabava agravando a crise.

Poder-se-ia perguntar: se as crises eram gerais, atingindo o conjunto dos países industrializados, para onde se dirigia o capital em fuga? Em geral, para os cofres de seus donos atemorizados. A crise de conjuntura se manifesta sob a forma de superprodução, resultante da queda da demanda efetiva. A maioria das empresas não consegue vender o que produziu e por isso precisa de empréstimos. Mas os bancos rapidamente descobrem que esta procura adicional por crédito não decorre de vendas mas da falta delas e por isso implica elevado risco. Logo, os bancos reduzem fortemente os financiamentos à produção e ao comércio e os que mantêm os empréstimos são alcançados pela bancarrota.

Crise conjuntural e pânico financeiro tendem a ser concomitantes e seu resultado conjunto é a elevação do entesouramento, ou seja, da retenção do metal pelos agentes. Depois do primeiro susto, é a procura por crédito que cai verticalmente, por efeito da redução das vendas e da produção. Quando a economia se encontra em depressão, a taxa de juros costuma cair a nível mínimo e mesmo assim o crédito concedido continua pequeno. Os bancos deixam de pagar juros pelos depósitos e, ao contrário, passam a cobrar aluguel pela guarda do dinheiro.

O padrão ouro foi abandonado durante a maior crise financeira internacional da história do capitalismo. A fuga de capitais atingiu, em 1931, a Áustria e diversos países da Europa Central, logo em seguida a Alemanha e, finalmente, a Inglaterra. Todos eles foram obrigados a abandonar o padrão ouro. Os Estados Unidos e outros poucos países ficaram ainda no padrão ouro, mas por inércia, já que a crise financeira e econômica continuou se agravando. Finalmente, em 1933, os EUA — governado por Franklin Delano Roosevelt — abandonaram o padrão ouro e deliberadamente desvalorizaram o dólar, tendo por objetivo reflacionar a economia com a esperança de assim elevar a demanda efetiva e iniciar a recuperação.

Até 1945, quando terminou a Segunda Guerra Mundial, as economias nacionais se fecharam na tentativa de sair da crise mediante substituição de importações. O comércio internacional e as inversões internacionais de capital caíram a níveis mínimos e abandonou-se qualquer tentativa de reconstruir um sistema internacional de pagamentos. Esta tarefa só foi retomada durante a guerra (1944), quando os Aliados convocaram uma conferência monetária mundial em Bretton Woods. Nesta conferência, presidida por Lord Keynes, aprovou-se o arcabouço dum novo sistema, que presidiria a reconstrução da economia mundial no pós-guerra.

Ao contrário do padrão ouro, o sistema de Bretton Woods não repousava em qualquer automatismo de mercado. Cada país deveria declarar a paridade de sua moeda nacional em relação ao dólar e este manteria uma paridade fixa em relação ao ouro: US$ 35,00 por onça ouro. Cada governo se comprometeria a manter a taxa de câmbio no nível declarado, podendo no entanto elevá-la ou diminuí-la numa proporção de até 10%, bastando comunicar a decisão ao Fundo Monetário Internacional. Valorizações ou desvalorizações acima desta margem teriam de ser submetidas à aprovação do FMI, em cuja direção os países-membros estavam representados.

Há autores que consideram o sistema de Bretton Woods uma nova versão do padrão ouro, pois as moedas nacionais deveriam guardar paridades declaradas em relação ao dólar e/ou ao ouro. Por isso, denominam-no "padrão dólar-ouro". Mas, na realidade, a única semelhança com o padrão ouro era o compromisso dos Estados Unidos de manter o dólar conversível ao ouro. Os demais países eram encorajados a praticar política monetária visando os três objetivos — estabilidade de preços, equilíbrio externo e pleno emprego — com ênfase neste último, dada a experiência traumática da crise dos anos 30.

RESUMO DAS IDÉIAS PRINCIPAIS

O estreitamento das relações comerciais e financeiras entre as nações capitalistas, nos últimos 150 anos, fez com que se criassem sistemas internacionais de pagamentos, que tornam mais previsíveis o valor relativo das moedas e o custo em juros dos créditos intercambiados entre países.

O primeiro sistema foi o padrão ouro, de acordo com o qual cada país mantinha o valor de sua moeda fixo em relação ao ouro. Isso tornava fixas as relações de valor entre as moedas dos diversos países. Para garantir a conversibilidade da moeda-papel em ouro, cada país mantinha determinado lastro de ouro.

Os saldos das contas externas eram pagos em ouro, de modo que o lastro de cada país subia quando o saldo era positivo e descia se era negativo. Com saldo positivo, a oferta de moeda podia se expandir, com saldo negativo ela tinha de se contrair. Resultado: a política monetária e o nível de atividade de cada país eram condicionados pelo saldo de suas contas externas.

Países exportadores de produtos primários eram atingidos pelas crises conjunturais emanadas dos países industrializados e tinham de se conformar em suportá-las passivamente. A obediência às regras do padrão ouro agravava as oscilações. Muitos destes países, depois de perder todas suas reservas de ouro, desistiam de seguir o padrão ouro, deixavam suas moedas desvalorizar e com isso recuperavam o nível de atividade, em conseqüência da substituição de importações.

O padrão ouro foi abandonado durante a maior crise financeira internacional da história do capitalismo, em 1931. Crise e depois guerra mundial ensejaram um retrocesso da globalização, até a volta da paz, em 1945.

A Conferência de Bretton Woods, em 1944, inaugurou um novo sistema internacional de pagamentos. A moeda-chave era o dólar, cujo valor em ouro foi fixado pela relação: uma onça ouro = 35 dólares. Todos os outros países deveriam manter uma paridade constante de suas moedas em relação ao dólar, com possibilidades limitadas de alterá-la. Foi criado o Fundo Monetário Internacional, com a tarefa de implantar e supervisionar o novo sistema.

6. A prevenção das crises financeiras pelo FMI

A inovação mais importante acordada em Bretton Woods foi a instituição do Fundo Monetário Internacional, com a finalidade de possibilitar a retomada da globalização (interrompida pelas guerras mundiais e pela crise) e assistir países com dificuldades não estruturais em suas balanças de pagamento. A criação do FMI tinha por significado que países membros porventura atingidos por adversidades externas ou internas — queda da receita de exportações ou quebras de safra etc. — *não deveriam ser obrigados a responder à perda de reservas cambiais com política monetária restritiva*. O FMI dispunha de moedas de todos os países-membros, no valor da cota de cada um, e portanto poderia fornecer ao país encalacrado moeda forte em troca da sua, reconstituindo-lhe as reservas cambiais.

Nos anos 50, quando o FMI começou a operar, a maioria dos países assistidos era desenvolvida e a assistência prestada tinha efetivamente este sentido. Mas, em relação aos países da periferia, que começaram a recorrer ao Fundo em número cada vez maior, a política foi diferente. É que a tecnocracia do Fundo, fortemente influenciada pelos países de maior quota — EUA, Reino Unido, França — passou a considerar o desequilíbrio exterior em países subdesenvolvidos de caráter estrutural, resultante de políticas econômicas que distorciam os preços relativos e discriminavam a produção para o mercado externo.

A tecnocracia do FMI desenvolveu, em função deste diagnóstico, a tecnologia dos empréstimos *stand-by*. O país que pede a ajuda ao Fundo recebe uma missão do mesmo que faz um levantamento de sua situação e propõe um *programa de ajuste* visando aliviar o estrangulamento externo e criar condições para que ele não volte a ocorrer. A partir desta proposta trava-se uma nego-

101

ciação entre o governo e a missão do FMI, que se bem-sucedida desemboca numa carta de intenções, dirigida pelo governo à direção do Fundo. Aprovada a carta, o empréstimo concedido é desembolsado em parcelas trimestrais, desde que as metas contidas na carta de intenções tenham sido atingidas. Se as metas não são cumpridas, o acordo de assistência é anulado e tudo volta ao marco zero. Se apenas uma ou outra meta deixa de ser cumprida, o país pode pedir à direção do FMI um *waiver* [perdão].

O programa de ajuste que o FMI propõe aos países da periferia que assiste prevê em geral desvalorização da moeda e política monetária restritiva. É que, a partir dos anos 1950, estes países tinham quase todos (sobretudo na América Latina) inflação elevada, moeda sobrevalorizada e taxa real de juros negativa. Estas condições eram causadas basicamente pelas aspirações destes países de superar seu atraso econômico e rapidamente se industrializar, para resgatar da pobreza a massa da população. Qualquer generalização a respeito de países tão diferentes é inevitavelmente falha, mas parece provável que freqüentemente os desequilíbrios se originassem duma combinação de planos ambiciosos de construção de redes de transporte, energia, comunicações, de água e esgoto etc. com insuficiência de recursos, sobretudo em moeda forte.

O diagnóstico do FMI atribuía a culpa pelos desequilíbrios a políticas errôneas de interferência nos mercados, que protegiam indústrias urbanas ineficientes em detrimento da agricultura e os operários que nelas trabalhavam em prejuízo do homem do campo. Daí se deduzia a receita do que se passou chamar de "ajuste estrutural": contenção rigorosa do crédito, do gasto público e dos salários, tendo em vista estabilizar os preços, reduzir as importações e elevar a oferta de produtos (tornados invendáveis) à exportação.

A receita seria discutível, mesmo se o diagnóstico fosse verdadeiro, o que nem sempre era o caso. A inflação, freqüentemente, era inercial, ou seja, herança do passado e nada tinha que ver com excesso de demanda. Em muitos países, a inflação já vinha sendo combatida por contenção da demanda, de modo que ela coexistia com recessão — era a "estagflação" — e o programa propugnado pelo FMI era apenas a reiteração do que já vinha sendo tentado, sem êxito. Foi o que ocorreu com o acordo que o Brasil fez com o FMI em 1983. As metas fixadas em sucessivas cartas de intenções malograram todas, exceto a desvalorização do cruzeiro, que efetivamente ajudou a alcançar elevado saldo positivo na balança comercial, suficiente para pagar os elevados juros sobre a dívida externa. Mas a recessão severa que se seguiu ao "ajuste" não ajudou a estabilizar os preços. A inflação continuou se agravando nos anos seguintes.

Em todos os países, o primeiro impacto do ajuste contratado com o FMI era sempre fortemente recessivo, o que às vezes reduzia a inflação e o desequilíbrio externo, mas ampliava a quebra de empresas e o desemprego. Em alguns, a diminuição da inflação e do desequilíbrio externo se consolidava, permitindo à economia voltar a crescer passado algum tempo em melhores condições do que antes. Nestes casos, o programa do FMI era considerado exitoso. Em outros, a economia caía ou permanecia em estagflação e o programa do Fundo se revelava um fracasso.

O FMI pretendia não interferir nas prioridades de política econômica dos países assistidos, mas na realidade condenava as tentativas de desenvolvimento por meio da substituição de importações, necessariamente voltado ao mercado interno. Refletindo as doutrinas ortodoxas, prevalecentes nos países centrais (particularmente nos EUA), o FMI propunha que o desenvolvimento se voltasse ao mercado externo e se apoiasse na atração dos capitais externos.

O FMI ganhou merecidamente a fama de algoz dos países que assistia, sendo de se notar que a partir dos anos de 1960 praticamente todos estes eram subdesenvolvidos. Com o passar dos anos, a revolução colonial elevou muito o número de países do Terceiro Mundo que se tornaram independentes e membros do FMI (e do Banco Mundial, outro órgão instituído em Bretton Woods). Aumentou em conseqüência a influência destas nações no Fundo, inclusive sua participação na tecnocracia do mesmo. Sob o fogo cerrado das críticas vindas principalmente dos países assistidos, o FMI foi atenuando as condições mais draconianas de seus programas de ajuste: o valor dos empréstimos foi aumentado, assim como a variedade de fundos de assistência e os prazos de carência e de amortização.

É difícil julgar se o FMI tem sido de alguma ajuda aos países que a ele recorrem. As recessões provocadas pela sua política têm sido muito severas, inclusive porque os programas acertados com os países em crise cambial têm sido de choque: o FMI tende a impor metas ambiciosas, a serem atingidas em curto prazo. Os efeitos sociais são muitas vezes tão drásticos que chegam a provocar levantes por parte de gente exasperada por grande e súbita carestia, resultante de cortes totais de subsídios à alimentação popular, ao transporte de massas etc., e que causam violenta piora do padrão de vida da população de baixa renda.

Uma boa apreciação crítica da receita de ajuste do FMI pode ser lida num relatório feito para o G-24, grupo de países-membros que representa o Terceiro Mundo (Group of Twenty-Four, *The role of the IMF in adjustment with growth*, Washington DC, 1987):

> A experiência dos países em desenvolvimento que fizeram programas de ajuste apoiados pelo Fundo não tem sido em geral satisfatória. A abordagem do ajuste pelo Fundo tem acarretado custos econômicos severos para muitos destes países em termos de queda nos níveis de produção e taxas de crescimento, reduções do emprego e efeitos adversos na distribuição da renda. Um programa típico do Fundo receita medidas que exigem compressão excessiva da demanda interna, cortes dos salários reais e reduções nas despesas governamentais; estas são freqüentemente acompanhadas por forte depreciação da taxa de câmbio e medidas de liberalização das importações, sem a devida consideração de seus efeitos nocivos sobre a economia nacional.

Após a crise da dívida externa, que atingiu nos anos 80 quase toda a América Latina, a ação do FMI, liderando operações de resgate em associação com os grandes bancos internacionais privados, deixou a forte impressão de que ela teve muito mais êxito em salvar da bancarrota os intermediários financeiros do Primeiro Mundo do que em recuperar as economias de seus membros do Terceiro. Por outro lado, nenhum governo é obrigado a recorrer ao FMI nem é forçado a aceitar os termos que ele propõe em troca de assistência financeira. Enquanto os credores se uniram e delegaram ao FMI a missão de ajustar os países endividados, estes últimos se resignaram a aplicar políticas recessivas, das quais resultou a década perdida. De modo que é justo concluir que a política do Fundo Monetário Internacional tem correspondido em geral às propensões doutrinárias das equipes econômicas dos governos membros, tanto credores quanto devedores.

O sistema internacional de pagamentos, criado em Bretton Woods, sofreu uma mudança importante quando, em agosto de 1971, o presidente Nixon, dos Estados Unidos, repudiou unilateralmente o compromisso de manter o dólar conversível ao ouro. A nação líder do sistema deu este passo porque seu balanço de pagamentos teve uma sucessão de saldos negativos, cobertos por emissões de dólares ou de títulos do Tesouro dos EUA, que acabaram retidos, em parte, pelos países com saldos positivos, como o Japão e a Alemanha Ocidental. Tais dólares serviram a diversos países europeus para adquirir ouro dos Estados Unidos, de modo que as reservas metálicas americanas caíram enquanto a massa de dólares em condições de ser convertida em ouro aumentava.

Durante os anos 60, a especulação nos mercados cambiais voltou-se contra o dólar, em função do enfraquecimento das contas externas dos EUA. Isso constituiu a *crise do dólar*, que foi se agravando com o passar dos anos, até que em 1971 a conversibilidade do dólar foi abandonada. Abriu-se, então, uma longa discussão a respeito do que fazer com o sistema internacional de pagamentos. Os franceses, na época governados por De Gaulle, propuseram a volta ao padrão ouro, mas tiveram pouquíssimo apoio. Finalmente, em 1976, emendas aos artigos de Acordo do FMI consagraram o direito de cada país de adotar o regime cambial que lhe conviesse, desde que não fosse o padrão ouro. Por insistência dos EUA, o ouro foi desmonetizado e as reservas de ouro do Fundo Monetário Internacional acabaram sendo vendidas em leilão.

Isso significou, na prática, o abandono de qualquer sistema internacional de pagamentos, que em essência não passa de um conjunto de regras cambiais que todos os países-membros procuram seguir. Se cada país administra o valor externo de sua moeda de modo distinto, deixa de haver um sistema *internacional* de pagamentos. Volta o perigo de alguns países desvalorizarem suas moedas para aumentar a competitividade de suas mercadorias nos mercados mundiais, sendo em seguida imitados por outros países com os mesmos propósitos. As desvalorizações competitivas aconteceram nos anos 30, sendo de se notar que cada onda de desvalorizações anula os efeitos da anterior e motiva a seguinte. O resultado é um aumento da instabilidade monetária internacional e da especulação cambial.

A teoria econômica liberal sustenta que de nada adianta a um governo desvalorizar a moeda pois o mercado restabelece em pouco tempo o equilíbrio anterior mediante a elevação dos preços e custos internos na mesma medida em que a moeda perdeu valor externo. Como tantas outras, também esta proposição não encontra respaldo na realidade. Muitos países desvalorizaram suas moedas e evitaram que a inflação anulasse seus efeitos. Deste modo lograram aumentar a competitividade de suas economias, o que teve por efeito aumento do volume e valor das exportações e substituição de parte das importações por produtos nacionais. O efeito da desvalorização cambial tem sido em geral benéfico para o país, a não ser que os seus principais parceiros comerciais e competidores também desvalorizem suas moedas.

Os países que formavam na época o Mercado Comum Europeu, talvez para evitar uma recaída no nacionalismo destrutivo da época da Grande Crise, resolveram criar um sistema monetário próprio, dentro do qual as taxas cambiais seriam mantidas relativamente fixas. Desta maneira, o sistema acordado em Bretton Woods continuou sendo praticado pelos países que atualmente formam a União Européia; a prática de câmbio fixo está desembocando na unificação monetária, mediante a adoção, a partir de 1999, de uma moeda única — o euro — pelas nações membros.

Os demais países, em sua maioria, têm praticado a chamada flutuação "suja". Em princípio, o câmbio é determinado pela relação entre oferta e demanda por divisas, mas o banco central, como o maior vendedor e comprador de moeda forte, trata de estabilizar a cotação, permitindo-lhe variar apenas dentro duma faixa constituída por uma banda acima e outra abaixo da cotação oficial. O banco central não está comprometido a manter constante a cotação oficial, podendo mudar o seu valor ou a largura das bandas em que este valor pode flutuar.

Este regime é denominado de flutuação "suja" pelos liberais, porque não é puro: o câmbio não é determinado inteiramente pela autoridade monetária nem pela interação de oferta e demanda no mercado. Alguns liberais propugnam pelo câmbio inteiramente fixo, isto é, pelo valor externo da moeda estar rigidamente ligado a algum ativo não controlado pelo Estado. Alguns poucos países, como a Argentina e Hong Kong, adotam este regime, praticando uma paridade fixa entre sua moeda e o dólar dos EUA. Eles renunciam assim a praticar política monetária com objetivos múltiplos, retornando a um simulacro do padrão ouro. A oferta interna de moeda fica sujeita a uma relação rígida com a reserva cambial, formada por dólares, de modo a assegurar a conversibilidade da moeda nacional em dólares. Os países que optam por este regime cambial abrem mão da possibilidade de fazer política monetária que possa de alguma maneira alterar para mais ou para menos o valor externo da moeda guia (o dólar), ao qual a moeda nacional foi atrelada.

Como o valor do dólar em relação às demais moedas flutua, em função da política monetária dos Estados Unidos, esta política acaba determinando também o câmbio do peso argentino e do dólar de Hong Kong. Este regime cambial, que não passa de uma curiosidade no mundo de hoje, é denominado de *currency board* [conselho monetário], porque a administração do meio de pagamento é confiada a um conselho formado por "personalidades" notoriamente independentes do governo nacional. Este é considerado uma garantia contra a inflação pelos que acham que esta é causada sempre e unicamente por excesso de gasto governamental.

Não valeria a pena gastar tanto espaço com o *"currency board"* se não fosse pelo fato de que também no Brasil há vozes influentes advogando sua adoção como meio de recuperar a confiança dos investidores externos. Vozes que naturalmente contam com o apoio do nosso principal sócio no Mercosul.

Outra parte dos liberais propõe que o regime cambial seja de flutuação pura, sem interferência do banco central. O defeito deste regime é a extrema instabilidade e a possibilidade de que movimentos especulativos de capitais possam induzir cotações cambiais insustentáveis. Voltaremos a esta questão no próximo capítulo. Mas podemos adiantar um exemplo. Quando um país é encarado com otimismo pelos gerentes dos grandes intermediários financeiros dos países ricos ele está sujeito a ser inundado pelos capitais externos, que nele penetram sob a forma de investimento direto, aplicação em carteira [compra de ações nas bolsas

107

locais], empréstimo etc. O aumento de oferta de moeda forte derruba sua cotação, ou seja, a moeda nacional sofre intensa valorização, o que tem por conseqüência aumento das importações e diminuição das exportações.

O déficit resultante na balança comercial se tornaria insustentável se o capital externo parasse de entrar no país, mas isso não acontece logo. Durante anos, aplicações especulativas e inversões externas diretas continuam chegando ao país porque elas tendem a valorizar os ativos financeiros que adquirem. É o mecanismo da especulação financeira, analisado no capítulo 4 da primeira parte. Os que investiram no país antes têm grandes ganhos, o que atrai novos investidores. Resulta daí aumento cada vez maior do déficit em conta corrente, agravado pela remessa crescente dos rendimentos dos capitais externos aplicados no país. Eventualmente chega um momento em que a dependência dum crescente influxo de capitais do exterior fica tão nítida que o otimismo dos aplicadores acaba. Detentores de ativos financeiros se convertem em ursos, tratam de vender os ativos em moeda nacional para colocar seus ganhos em moeda forte, o que acaba em geral em crise, fuga de capitais etc.

A inexistência dum sistema internacional de pagamentos lança uma aura de incerteza sobre a política monetária dos diversos países. Com a globalização financeira, de que nos ocuparemos no próximo capítulo, abriram-se canais de interação direta entre os sistemas monetários nacionais, pois divisas podem ser e efetivamente são transferidas sobre fronteiras, em valores muito altos. Se a política monetária de um país for considerada desfavorável aos aplicadores de capital, em comparação com as políticas de outros países, o primeiro sofrerá em pouco tempo forte hemorragia de capitais. Esta perda pode ser insuportável, implicando exaustão das reservas cambiais ou violenta desvalorização da moeda nacional, acompanhada por forte surto inflacionário.

Episódios como este têm ocorrido com certa freqüência, o que torna a economia capitalista mundial, neste fim de século, muito sujeita a crises cambiais e financeiras. Em contraste com a situação atual, a economia mundial mostrou-se muito mais estável no quarto de século que se seguiu à Segunda Guerra Mundial, quando vigeu o sistema de Bretton Woods.

RESUMO DAS PRINCIPAIS IDÉIAS

O FMI foi criado para ajudar os países-membros com problemas em suas contas externas, para que estes não fossem obrigados a responder à perda de reservas cambiais com política recessiva. Foi assim que a grande crise de 1929 se propagou e a preocupação, em 1944, era evitar que isso se repetisse.

O FMI dispõe de divisas de todos países membros e portanto pode emprestar a qualquer deles, em crise cambial, moeda forte em troca da sua. Para assistir países da periferia, no entanto, o FMI passou a conceder empréstimos condicionados à implementação dum programa de ajuste, negociado entre os governos destes países e o Fundo. Se as metas do programa não são atingidas, o FMI cancela a ajuda.

O FMI desenvolveu uma receita padrão de ajuste para o Terceiro Mundo: contenção do crédito, do gasto público e dos salários, o que produz recessão. Com ela, as contas externas voltam ao equilíbrio e a inflação cai. Mas muitas empresas quebram e o desemprego sobe. Em alguns países, ao fim dum período, a economia estabilizada volta a crescer. Em outros, a economia vegeta durante muitos anos com inflação e em estagnação.

Após a crise das dívidas externas, sobretudo na América Latina, nos anos 1980, o FMI liderou operações de resgate dos países incapazes de honrar seus compromissos financeiros externos em associação com os bancos internacionais privados. As dívidas renegociadas e consolidadas salvaram os bancos da bancarrota, mas os países devedores amargaram uma década perdida, com empobrecimento e marginalização de parte de sua população.

Nenhum governo é obrigado a recorrer ao FMI. Os que recorrem soem ser conservadores e estar de acordo com os princípios do "ajuste estrutural" ministrado pelo FMI.

Após dez anos de crise do dólar, causada por saldos negativos das contas externas dos EUA, em 1971, o seu governo resolveu desligar-se do seu compromisso de manter o preço do ouro fixo em dólares: US$ 35,00/onça. Em 1976, os artigos de Acordo do FMI foram emendados, consagrando o direito de cada país de adotar qualquer regime cambial, exceto o padrão ouro.

Deixou de existir então qualquer sistema internacional de pagamentos e em conseqüência, aumentou a instabilidade monetária internacional e a especulação cambial. A maioria dos países adotou câmbio flutuante "sujo", ou seja, o valor externo da moeda é em princípio determinado pela interação de oferta e demanda de divisas estrangeiras, mas o banco central intervém ocasionalmente para impedir que o câmbio oscile exageradamente.

O avanço da globalização financeira e a liberação dos fluxos internacionais de capitais, a partir dos anos 1980, agravaram a ocorrência de desequilíbrios externos das economias periféricas. Estas, em certos anos, recebem avultada quantia de capitais externos, que valoriza a sua moeda e enseja crescentes saldos negativos em conta corrente. Depois, os administradores do capital globalizado descobrem que há grande risco de crise cambial e tratam de deixar os países antes que seja tarde. A fuga de capitais acaba impondo violenta desvalorização das moedas nacionais, surtos inflacionários e afinal um severo ajuste estrutural, negociado e monitorado pelo FMI.

7. A globalização financeira

A partir dos anos 80, o mundo capitalista sofreu ampla transformação político-ideológica. O fastígio do ideário intervencionista e desenvolvimentista, pautado teoricamente pela revolução keynesiana, foi bruscamente encerrado e em seu lugar ressurgiram as doutrinas liberais, sob formas ligeiramente renovadas, o que justificou batizá-las de "neoliberais". São complexas as presumíveis causas desta reviravolta, mas uma se destaca: cerca de trinta anos de pleno emprego fortaleceram os sindicatos e viabilizaram a revolta dos operários mais jovens e mais bem instruídos contra a organização taylorista do trabalho. As ondas de greve, que varreram a Europa e os EUA a partir do famoso "Maio de 1968" francês assustaram profundamente as camadas dominantes e levaram diversos governos, inclusive alguns social-democratas, a dar prioridade ao combate à inflação, às custas inclusive de maior desemprego. As teses neoliberais serviram como uma luva para fundamentar "cientificamente" as novas prioridades.

O liberalismo redivivo reforçou a liberalização dos movimentos internacionais de capitais, que se originou do fortalecimento das multiempresas transnacionais, da inexistência dum sistema internacional de pagamentos e da construção do mercado de euromoedas, em que atuam apenas entidades financeiras privadas, sem monitoramento e muito menos supervisão de qualquer autoridade monetária. Até então, cada governo nacional regulava o fluxo de valores sobre suas fronteiras nacionais, impondo regras precisas tanto à entrada como à saída dos mesmos, tendo em vista o equilíbrio do balanço de pagamentos. A partir do estabelecimento da nova hegemonia neoliberal, nos anos 1980, estas regras foram sendo relaxadas cada vez mais até serem inteiramente eliminadas. A liberalização dos movimentos internacionais de capitais significa que eles ocorrem sem que seus autores tenham que prestar contas a qualquer autoridade.

Os efeitos desta contra-revolução monetária e financeira foram imensos. A capacidade dos estados nacionais de exercerem efetiva liderança macroeconômica em seus territórios, o que significava antes de mais nada condicionar e orientar a acumulação de capitais privados e públicos, foi gradualmente enfraquecida. Governos neoliberais promoveram a privatização de empresas produtivas estatais e a entrega de serviços públicos monopólicos a concessionários privados, muitos deles transnacionais. Também bancos públicos foram privatizados, de modo que o estado perdeu a possibilidade de comandar o processo de acumulação mediante a sua ação enquanto grande empreendedor e enquanto grande financiador.

Este enfraquecimento foi em muito ampliado pela globalização do capital portador de juros. Antes da liberalização dos movimentos internacionais de capitais, a maior parte dos ativos financeiros se originava da poupança nacional e era emprestada a agentes nacionais. Mas, com a crescente liberalização dos fluxos financeiros internacionais, os intermediários financeiros passaram a atuar também em outros países e nos últimos anos a riqueza financeira globalizada — que circula indiferentemente por dezenas de mercados nacionais — ao que parece tornou-se muito maior que o valor dos ativos financeiros que se mantêm nacionais.

Como a riqueza financeira globalizada é uma massa de capitais cujo valor não é registrado em parte alguma, o que resta fazer para avaliar o seu impacto é basicamente estudar o efeito de sua livre circulação através de fronteiras sobre o equilíbrio macroeconômico dos diferentes países. É neste sentido que sua hegemonia parece ser cada vez maior. Mesmo economias nacionais de bom tamanho, como a Grã-Bretanha ou a Coréia do Sul, não conseguiram defender o câmbio, ou seja, o valor externo de suas moedas, contra ataques especulativos desfechados por capitais globalizados. Talvez seja o Federal Reserve System — o banco central dos Estados Unidos — o único capaz de resistir ainda a uma venda maciça de dólares por parte daqueles capitais. Todos os outros bancos centrais dependem do apoio dos capitais globais para poderem fazer política cambial.

A globalização financeira inibe as autoridades monetárias nacionais não só em relação à política de câmbio mas também em relação às políticas monetária e fiscal. Como vimos no capítulo 3 desta parte, as políticas monetária e cambial estão estreitamente intercondicionadas. Se o banco central resolver expandir a oferta de moeda e crédito, visando a baixa de juros e o conseqüente estímulo ao investimento e às compras a prazo, ele corre o risco de provocar fuga de capitais a outros países, que praticam taxas de juros mais elevadas.

A fuga de capitais, conforme sua duração e intensidade, reduz as reservas cambiais do país, o que pode ser incompatível com o pleno cumprimento das suas obrigações para com seus credores externos. Ou seja, a perda de dólares pode atingir tal dimensão que o país se vê impossibilitado de continuar amortizando as dívidas vencidas e pagar os juros sobre seus débitos. E um colapso cambial imporia queda das importações mediante diminuição do nível de atividade e de emprego, o que seria o oposto do objetivo visado pela política monetária expansionista, qual seja o aumento do consumo, da produção e do emprego. Portanto, com receio de desagradar os aplicadores (de fora e de dentro), o banco central desiste de fazer política monetária expansiva e portanto desiste também de influenciar o nível de atividade e de emprego por meio do manejo dos instrumentos de política monetária.

Episódios desta espécie têm sido freqüentes desde que a movimentação internacional de capitais deixou de ser controlada pela maioria dos governos nacionais. É preciso entender a lógica dos administradores dos capitais globalizados. Trata-se de bancos transnacionais, fundos de pensão, fundos de investimento, companhias de seguro etc. que aplicam seus recursos em dezenas de países diferentes. O critério que preside a distribuição destas dezenas ou talvez centenas de bilhões de dólares pelas diversas economias nacionais é a maximização do retorno e minimização do risco. Uma parte destes recursos é aplicada a juros e por isso um país que reduz sua taxa de juros se arrisca a que os capitais globalizados se retirem dele, em busca de juros maiores alhures.

Mas não basta a um país oferecer juros altos para atrair os capitais globalizados, pois é preciso que ele também inspire confiança aos administradores. Seria um contra-senso colocar dinheiro num país que promete juros altos se for provável que em pouco tempo o seu governo terá de proclamar uma moratória, ou seja, uma suspensão temporária de pagamentos por falta de fundos. Em tal circunstância, o dinheiro e os juros estariam perdidos, ao menos enquanto perdurasse a moratória. A percepção de risco "de país" por parte dos administradores de capitais globalizados é extremamente subjetiva, pois se baseia num mínimo de informações e num máximo de temor do desconhecido, ou seja, das perspectivas políticas dos diferentes países, alguns deles longínquos, de cultura muito diferente do país de origem dos capitais e dos que os gerenciam.

Convém lembrar que o grosso dos capitais globalizados provém de países desenvolvidos, que formam o centro da economia mundial capitalista. A maior parte dos capitais globalizados tende a ser aplicada no centro mesmo, exatamente por causa do temor do desconhecido acima referido. Mas estes países exportadores de capitais e que são também os seus maiores importadores tendem a crescer pouco e a praticar taxas baixas de juros. São economias que oferecem pouco risco mas também parco retorno aos capitais globalizados neles aplicados. Já os países que formam a periferia da economia mundial capitalista, sobretudo os que estão semidesenvolvidos — os chamados mercados emergentes — oferecem juros altos e lucros elevados aos capitais neles aplicados, porém constituem riscos ponderáveis aos olhos dos que têm por incumbência alocar os capitais globalizados.

Como as aplicações financeiras são movidas pela ganância e pelo medo, uma parte dos que os administram se deixa seduzir pela ganância a ponto de superar o medo. Estes produzem um fluxo de capitais globalizados que se dirige à periferia emergente. A percepção de risco dos mercados emergentes é fortemente colorida pela ansiedade política, em primeiro lugar porque muitas aplicações são feitas em títulos da dívida pública e em ações ou títulos de crédito de empresas estatais; e em segundo lugar, porque o risco de crise cambial ou de inflação é visto pelos gerentes dos capitais globalizados como diretamente condicionado pela estabilidade política do país e pelas políticas econômicas de seu governo.

Embora a ansiedade política seja particularmente pronunciada em relação aos países periféricos, não há dúvida de que ela permeia também a percepção de risco dos países do Primeiro Mundo. Em última análise, onde quer que o poder estatal seja disputado por regras democráticas, o futuro político é incerto. Não pode ser previsto com segurança. A vantagem dos países desenvolvidos, aos olhos dos administradores de capitais globalizados, é que estes julgam saber mais sobre eles e consideram tais países como inerentemente mais estáveis. Já faz muitos anos que não se verificam revoluções, golpes de estado ou outras rupturas institucionais nestes países e as principais correntes políticas que disputam o poder estatal em cada um deles tendem a ser pouco diferenciadas em termos ideológicos e dos interesses que representam.

O que torna a movimentação dos capitais globalizados tão volátil e aleatória é o que Soros* denomina *reflexividade*. Aplicada aos mercados financeiros, a reflexividade denota o fato de que a percepção de risco dos aplicadores influi sobre a destinação das aplicações e esta destinação afeta a percepção de risco original, em geral intensificando-a. Quando a percepção de risco dos gerentes de capitais globalizados piora em relação a certo país, por exemplo, desencadeia-se uma fuga de capitais. Por efeito da reflexividade, a situação econômica do país que perde capital degenera, o que aumenta ainda mais o risco percebido pelos aplicadores.

Nós já tratamos desta questão no capítulo 4 da primeira parte ("A especulação financeira"). "Keynes, que em seu tempo participou deste jogo, revelou há mais de sessenta anos a regra de ouro da especulação financeira: *adivinhar para onde caminha a maioria dos agentes financeiros e se possível chegar lá antes*. Como as profecias feitas pela maioria sempre se cumprem, pouco importa se elas correspondem ao que hoje chamam de "fundamentos" da economia real." Naquele capítulo analisamos a especulação com diferentes ativos. Agora estamos tentando entender a especulação com diferentes economias nacionais, sob o pressuposto (comumente aceito pelos aplicadores) de que todos os ativos de determinado país estão sujeitos às suas perspectivas políticas.

---

* "Reflexividade exprime que o nosso pensamento influencia ativamente os eventos de que participamos e que são o objeto de nosso pensamento." George Soros. *A crise do capitalismo*. Rio de Janeiro: Campus, 1998, p. 38.

O conceito de reflexividade de Soros é novo mas o fenômeno que ele denota já é conhecido há muitos anos. O que importa aqui é que *a reflexividade reforça a dependência de cada país e do seu governo em relação aos que manipulam os capitais globalizados.* Se estes por alguma razão se tornam mais otimistas em relação a determinado país, o fluxo de capitais que se dirige a ele aumenta. Isso permite ao país reforçar suas reservas cambiais e praticar política monetária de redução de juros e estímulo à atividade econômica. A queda dos juros reduz o serviço da dívida pública, o que melhora o desempenho orçamentário do governo. Cai o risco dos títulos públicos. O aumento da atividade econômica expande a receita tributária, o que ajuda a diminuir ainda mais o déficit público e além disso eleva a lucratividade das empresas. Os capitais globalizados aplicados em ações irão se valorizar. A melhora da economia faz a popularidade do governo subir. Tudo isso tornará o otimismo dos aplicadores ainda maior, o que vai expandir o fluxo de capitais globalizados ao país.

Agora, se os manipuladores de capitais globalizados passarem do otimismo ao pessimismo em relação ao país, as aplicações que antes jorravam para dentro passam a jorrar para fora. E o círculo virtuoso financeiro e econômico de um momento para o outro se transforma em círculo vicioso: fuga de capitais, crise cambial, elevação da taxa de juros pelo banco central na tentativa desesperada de reter a saída dos capitais, queda da atividade econômica, quebra de empresas e bancos, agigantamento do desemprego — o que naturalmente confirma o pessimismo e o agrava. A popularidade do governo afunda, o déficit público se eleva em função dos juros altos e da redução da receita tributária, causada pela queda da atividade econômica.

Um dos exemplos mais expressivos deste ciclo foi o que aconteceu com a Indonésia, Coréia, Malásia, Filipinas e Tailândia. As entradas líquidas da capitais privados nestes cinco países totalizaram 35,1 bilhões de dólares em 1994, 62,9 bilhões em 1995 e 72,9 bilhões em 1996; no ano seguinte elas se transformaram em saídas líquidas de –11 bilhões. Mas a fuga de capitais foi maior, pois devemos considerar apenas os empréstimos de bancos e outras instituições, já que as inversões diretas não podem ser retiradas subitamente dos países em que foram feitas. Estes somaram entradas de 17,1 bilhões em 94, 39 bilhões em 95, 40,6 bilhões em 1996 e saídas de –32,3 bilhões em 1997. O efeito da fuga de capitais sobre o crescimento econômico destes países foi devastador. A Indonésia cresceu 7,8% em 96, 4,6% em 97 e –15% em 1998; a Coréia cresceu 7,1% em 96, 5,5% em 97 e –5% em 98; a Malásia cresceu 8,6% em 96, 7,8% em 97 e –6,4% em 98; e a Tailândia cresceu 6,5% em 96, –0,4% em 97 e –8,0 em 98. (André Moreira Cunha, "A crise asiática: para além das explicações convencionais", em *Ensaios FEE*, Porto Alegre, ano 20, nº 2, 1999.)

É evidente que cada governo, que abre o país à movimentação irrestrita de capitais para dentro e para fora, depende crucialmente de que o saldo da conta de capitais seja positivo, isto é, que o valor dos capitais que entram seja sempre bem maior do que o valor dos que saem. Os governos que fazem esta opção acabam tendo como prioridade *trazer o máximo de capitais do exterior e impedir que eles queiram se retirar do país*. Esta prioridade molda o conjunto das políticas econômicas, cujo objetivo primordial passa a ser o ajuste fiscal. Para os administradores dos capitais globalizados, o mais assustador dos fantasmas é o déficit público fora de controle, pois eles acreditam que causa inflação (que desvaloriza as aplicações financeiras) e excesso de importações de bens e serviços, que torna escassa a disponibilidade de divisas fortes.

Os governos que aprenderam esta lição sempre praticam políticas fiscais austeras e políticas monetárias restritivas, para minimizar o déficit das contas públicas e manter os juros em nível convidativo aos capitais forâneos. Mas estas políticas são avessas ao desenvolvimento econômico que, antes da reviravolta neoliberal, havia sido a prioridade suprema das políticas públicas nos países incompletamente desenvolvidos. Ora, o eleitorado destes países continua priorizando o desenvolvimento, de modo que os governos eleitos estão em geral comprometidos com este ideário. Quando estes governos são empossados, defrontam-se imediatamente com um dilema: cumprir suas promessas aos eleitores e correr o risco do país vir a sofrer uma fuga de capitais ou então atender as expectativas dos alocadores internacionais de aplicações financeiras e "trair" a plataforma com que se elegeram.

117

Estamos pois no pior dos mundos: as economias nacionais, sobretudo da periferia, estão sujeitas às idas e vindas do capital globalizado de curto prazo e ao mesmo tempo obrigadas a praticar políticas econômicas que cerceiam o desenvolvimento, para propiciar as vindas e evitar as idas do referido capital. É por isso que a grande onda neoliberal está perdendo apoio e cresce a ansiedade por uma nova perspectiva.

RESUMO DAS IDÉIAS PRINCIPAIS

A partir dos anos 1980, a experiência keynesiana de regulação dos mercados financeiros chegou ao fim. Em seu lugar, ressurgiu o liberalismo, que ensejou a desregulação dos mercados financeiros nacionais e internacionais e a prioridade do combate à inflação mediante ajuste fiscal e política monetária de contenção do crédito.

Antes desta mudança os governos nacionais regulavam a entrada e saída de valores dos seus países visando equilibrar seus balanços de pagamento. A liberalização dos fluxos internacionais de capitais resultou do relaxamento dos controles até sua completa eliminação. Em conseqüência, a riqueza financeira globalizada, que circula com desenvoltura por dezenas de mercados nacionais, possivelmente se tornou muito maior que os ativos financeiros nacionais aplicados em cada país.

Este fato implica que nenhum governo nacional, com a possível exceção dos Estados Unidos, tem recursos em divisas fortes para resistir a um ataque especulativo contra sua moeda. A não ser que controle os fluxos de capital para dentro e para fora do país.

Os países que optam por não controlar a movimentação dos capitais estão obrigados a adequar suas políticas macroeconômicas aos desejos e preconceitos daqueles que administram o capital globalizado. Uma política fiscal e monetária de expansão da demanda efetiva, com aumento do déficit público e da oferta de crédito, pode provocar fuga de capitais para outros países cujos governos façam a política oposta: redução do déficit público e da oferta de crédito.

Bancos transnacionais, fundos de pensão, de investimento, companhias de seguro etc. fazem aplicações em dezenas de países, sempre à procura do maior rendimento e do menor risco. O rendimento de capitais de curto prazo depende basicamente da taxa de juros. Portanto, países que optam por reduzir juros para estimular o crescimento econômico arriscam-se a perder capitais e sucumbir a uma crise cambial. Para preveni-la (sem controlar a movimentação de capitais) é indispensável elevar a taxa de juros, ou seja, reverter a política desejada.

Os critérios de risco para a alocação do capital globalizado tomam em consideração a futura capacidade de pagamento do estado, de luta contra a inflação e de conversão da moeda em divisas fortes. O que resulta em forte preferência por países com governos neoliberais, avessos a intervir em mercados.

A avaliação do risco-país é toda baseada em expectativas políticas, sobretudo quando o país é do Terceiro Mundo. O capital globalizado é atraído aos mercados emergentes porque pagam juros muito maiores mas sua instabilidade política alimenta temores, que são agravados pelas informações precárias que os gestores deste capital possuem sobre tais países.

Aplicado aos mercados financeiros, o conceito de reflexividade de George Soros mostra que a percepção de risco dos aplicadores influi sobre a destinação das aplicações e esta destinação afeta a percepção de risco original, reforçando-a. Isso desencadeia um processo de auto-realimentação: países considerados de baixo risco recebem aplicações e isso aumenta a percepção de risco baixo etc. E vice-versa.

A reflexividade ajuda a entender o comportamento de rebanho dos aplicadores de capital globalizado. Este tende a se dirigir em massa a determinado país ou grupo de países, o que melhora o desempenho de suas economias nos itens que contam: contas públicas equilibradas, inflação baixa, saldo negativo das contas externas mas contrabalançado por grandes reservas cambiais. Porém, subitamente a percepção de risco se inverte e o capital globalizado começa a deixá-lo; cada onda de fuga piora o desempenho das economias e provoca outra onda maior.

Os governos que optam pela dependência de capitais externos tendem a priorizar o ajuste fiscal, pois supõe-se que dele depende a estabilidade dos preços e o controle do déficit externo. Surge uma situação paradoxal: a entrada dos capitais deveria promover o desenvolvimento econômico, mas para garantir a entrada e permanência dos capitais globalizados é necessária a prática de políticas macroeconômicas que tornam o desenvolvimento muito débil, quando não impossível.

PARTE III
A CRISE FINANCEIRA
E SUAS FORMAS MUTANTES

1. O que é crise financeira

Crises financeiras são tão antigas quanto os próprios mercados financeiros, que surgem nos albores da Era Moderna, na Europa, em função do desenvolvimento do comércio com o Extremo Oriente. Com a evolução das finanças, ao longo dos séculos, a forma da crise financeira foi mudando acentuadamente. Não obstante, há um conteúdo comum a todas as formas de crise financeira, e neste capítulo introdutório vamos tratar de estudá-lo.

Crise financeira é uma situação em que em determinado mercado ou em todos os mercados financeiros de uma região, de um país ou do mundo, *o pessimismo passa a prevalecer a ponto de a oferta de ativos ultrapassar de longe a sua demanda.* O excesso de oferta força a desvalorização dos ativos financeiros, fato que confirma e reforça o pessimismo que originou a crise. Esta culmina com o fechamento dos mercados afetados, quando cessam as transações por falta de compradores. No apogeu da crise, grande parte dos ativos perde todo valor e todos os agentes almejam conservar sua riqueza sob a forma de espécie (dinheiro sonante, moeda metálica etc.) ou de bens reais (mercadorias) facilmente transacionáveis.

Como já foi visto, cada ativo financeiro é um contrato de empréstimo, que se baseia em garantias oferecidas pelo prestatário e na credibilidade deste último e de suas garantias. Esta credibilidade é sempre limitada, pois como ser humano, ou instituição formada por seres humanos, o prestatário está sujeito às contingências do acaso. Neste sentido, o ativo financeiro se assemelha a uma aposta sobre eventos, sujeitos às leis do acaso. O mercado financeiro é onde se transacionam apostas. É da essência dos mercados financeiros que os agentes que neles atuam se dividam quanto à credibilidade que dão a cada uma das apostas, de modo que para cada uma haja pessimistas, que as colocam à venda, e otimistas, que procuram comprá-las. A relação entre o valor das apostas ofertadas pelos pessimistas e o valor em dinheiro ofertado pelos otimistas por estas apostas é que determina o valor de cada uma, ou seja, de cada ativo financeiro. Bilhetes de loteria são um exemplo de ativo financeiro em estado puro, pois o seu valor está associado à probabilidade de cada um ser premiado e ao valor do prêmio oferecido. Mas bilhetes de loteria são em geral vendidos a preço fixo e não há um mercado secundário em que possam ser vendidos por cotações determinadas por oferta e procura. A maior parte dos ativos financeiros, que são objetos de revenda sistemática em mercados organizados, é de ações de empresas, que habilitam o possuidor a receber montantes não predeterminados de dividendos, e títulos de crédito, que habilitam o possuidor a receber montantes predeterminados de juros. Este tipo de ativo financeiro promete ganhos a quem o adquire em proporção à lucratividade futura da empresa (no caso da ação) ou à taxa de juros futura.

Podemos, pois, concretizar um pouco mais a análise da crise financeira. O pessimismo que a origina não se refere à sina do homem ou da sociedade, mas mais concretamente à evolução futura da economia local, nacional ou mundial. Quando o mercado financeiro não está em crise, as opiniões sobre o andamento futuro da economia se dividem entre os agentes de uma forma tal que para cada ativo há quase sempre agentes [pessimistas] que o oferecem e outros [otimistas] que o procuram. Esta divisão torna as transações possíveis. A cada dia, apenas uma parcela minúscula de todos os ativos financeiros registrados no mercado é efetivamente comprada e vendida. Todos os outros são cotados pelo valor da última transação de que foram objetos.

A soma das cotações de todos os ativos financeiros registrados num mercado forma a *riqueza financeira* da cidade, país ou do mundo (conforme o âmbito do mercado considerado). A riqueza financeira flutua consideravelmente no tempo, à medida que a divisão entre otimistas (compradores) e pessimistas (vendedores) se altera. É importante, neste contexto, não esquecer que cada ativo financeiro é um contrato de empréstimo ou análogo, em que o tomador do empréstimo usa o dinheiro para promover

124

alguma atividade econômica "real": a produção ou distribuição de bens ou serviços, a construção de prédios para uso industrial, comercial ou residencial etc. etc. Graças à alavancagem, esta conexão entre o ativo financeiro e a economia real pode estar diluída, mas não obstante ela existe e é vital para que a promessa contida no ativo se realize.

A título de exemplo, consideremos a ação duma companhia *holding*, que tem por atividade possuir ações de outras empresas, estas produtivas. A ação do *holding* liga-se à economia real por meio das ações das empresas controladas pelo *holding*. Se elas forem lucrativas, o *holding* também o será e vice-versa. O *holding* pode controlar centenas de empresas diferentes, sediadas em países diferentes e se dedicando a atividades diferentes. Possivelmente, algumas serão muito lucrativas e outras darão prejuízo, enquanto as demais se situarão entre estes extremos. A influência de cada empresa sobre o lucro proporcionado pelo *holding* será possivelmente insignificante. Não obstante, da lucratividade do *holding*, portanto o seu valor ou a riqueza financeira que ele constitui, não depende de outra coisa senão da lucratividade média — ponderada pelo valor de cada empresa — de todas as empresas controladas pelo *holding*.

Um mercado financeiro se assemelha a um *holding* gigantesco, com capital formado por todos ativos financeiros cotados — disponíveis para transações — nele. O valor deste capital, ou seja, a riqueza financeira, assim como de um holding, é a média ponderada dos valores de todos estes ativos. Este valor flutua diariamente, ao sabor das vendas e compras que ocorrem no referido mercado. Quando o mercado entra em crise, o valor da riqueza financeira começa a despencar, mais ou menos independentemente do que esteja ocorrendo com as economias reais: empresas produtivas, erários públicos, rendas de consumidores.

A crise financeira não decorre duma crise da economia real porque o valor dos ativos financeiros, aos olhos dos que os transacionam, depende não da lucratividade passada — conhecida e bem registrada na conta de lucros e perdas do último balancete — mas da lucratividade futura. O passado só influi na riqueza financeira à medida que os operadores o consideram indicador válido do futuro. Mas as opiniões sobre o futuro da economia real

125

das empresas e dos países em que as empresas atuam são bastante diferentes e tendem sobretudo a serem variáveis. Elas tendem a ser muito sensíveis ao noticiário político. Se este for favorável ao que os operadores consideram ser um "bom" governo, as opiniões sobre o futuro podem mudar para melhor e gerar um círculo persistente de autovalorização.

Isto significa que (por motivos que nada têm a ver com o andamento da economia real) aumenta o número de operadores que querem comprar os ativos financeiros do país e diminui o número dos que querem vendê-los. Obviamente, o preço ou cotação destes ativos sobe, proporcionando ganhos imediatos aos que os compraram. No momento seguinte, os otimistas ficam mais otimistas ainda (pois o mercado lhes deu razão) e alguns dos que eram pessimistas se convertem ao otimismo da maioria. Logo, a procura supera mais uma vez a oferta e o preço dos ativos do país sobe mais uma vez. Este processo de *autovalorização* pode prosseguir por algum tempo e levar a um aumento da riqueza financeira, representada pelos ativos do país em questão, *muito maior do que a lucratividade possível das empresas produtivas* das quais a riqueza financeira "deveria" ser um mero reflexo.

É a típica bolha especulativa, que pode acontecer em relação a um país, a um ramo de atividade ou a algumas empresas. Os neoclássicos acham que os mercados estão sempre certos porque os operadores são racionais e se baseiam em dados confiáveis etc. De acordo com eles, os mercados financeiros devem sempre tender ao equilíbrio, que resultaria do fato de que todos os especuladores fazem o mesmo raciocínio probabilístico a respeito do futuro e, portanto, se produz rapidamente uma convergência entre otimistas e pessimistas, no fim da qual a diferença de opinião entre eles fica muito pequena. Enquanto reina o equilíbrio não deveria haver transações, pois cada operador estaria satisfeito com os ativos financeiros que adquiriu. Obviamente, os mercados financeiros quase nunca se comportam assim.

A alegação de que os operadores econômicos são pessoas racionais não muda o fato de que o futuro é incerto e que os riscos envolvidos em tentar adivinhá-lo atraem grandes somas de dinheiro para apostas sobre ele. Adam Smith já demonstrou, há mais de duzentos anos, que comprar bilhetes de loteria é irracional pois o prêmio é muito menor do que o inverso da probabilidade de ganhá-lo. Em outras palavras, o valor total dos bilhetes de loteria é bem maior do que a soma dos prêmios oferecidos, sendo a diferença embolsada pelos que instituem a loteria e pelos que distribuem os bilhetes. Este fato é conhecido, mas ele não impede que ano após ano os bilhetes sejam vendidos a pessoas racionais. No presumível cálculo de custos e benefícios, o prazer de correr riscos teria que ser incorporado...

A bolha especulativa é irracional sobretudo porque os especuladores sabem ou deveriam saber que ela está destinada a estourar. É possível que os especuladores mais experientes o admitam, mas nem por isso eles deixam de continuar comprando ou retendo ativos sobrevalorizados, simplesmente porque ninguém sabe *quando a bolha vai estourar* e, enquanto o estouro não acontece, quem embarca na bolha ganha muito dinheiro. Isso faz com que a bolha atinja dimensões inacreditáveis. Pois a bolha não estoura enquanto houver gente com dinheiro acreditando que a bolha ainda pode crescer. Pois esta gente vai adquirir ativos financeiros, por mais que estejam sobrevalorizados, fazendo com que suas cotações subam ainda mais.

Swift, o famoso autor satírico irlandês, participou duma famosa bolha especulativa na Bolsa de Valores de Londres, por volta de 1720, e vendeu os títulos a tempo, obtendo um belo lucro. Nos dias seguintes, a especulação febril fez com que os títulos continuassem a subir ainda mais. Swift não agüentou, voltou ao mercado, convertendo a fortuna que acabara de ganhar em títulos novamente e perdeu tudo em seguida, quando a bolha estourou. Swift era racional e os outros que agem como ele também são, mas o jogo do mercado, sobretudo do mercado financeiro, exerce um fascínio irresistível aos que gostam de correr riscos. A história do capitalismo está cheia de casos em que os mercados produziram valorizações incríveis da riqueza financeira, que logo em seguida viraram pó.

Em tese, a bolha poderia continuar indefinidamente sem estourar se sempre houvesse mais pessoas dispostas a ingressar no mercado, trazendo dinheiro novo para adquirir títulos. É evidente que esta condição não se pode cumprir. Em algum momento, todos os que possuem dinheiro ou crédito para comprar ativos financeiros já o fizeram e deste momento em diante somente a reaplicação dos lucros poderia manter a bolha no ar. Mas os lucros provêm da economia real e esta, mesmo que tenha sido estimulada pelo *boom* financeiro, jamais poderia corresponder às expectativas exageradas que as cotações infladas implicam. O que se verifica então é que os títulos de propriedade estão sobrevalorizados em relação aos lucros, dividendos ou rendas efetivamente obtidos.

O reconhecimento deste fato, que ocorre tão logo se esgote a entrada de dinheiro novo no mercado, faz com que aumente o número dos que desejam vender títulos e diminua o número dos que querem continuar a comprá-los. As cotações em conseqüência começam a cair, o que multiplica o número de vendedores e contrai o dos compradores. Em muito pouco tempo, o pessimismo toma conta dos operadores, todos se dão conta de que o otimismo anterior carecia de fundamento. As cotações agora despencam mas mesmo assim ninguém quer comprar, todos só querem vender. Quando a situação alcança este ponto, o mercado entra em colapso, o leilão é encerrado, a maior parte dos operadores está arruinada.

Está claro agora porque a crise independe do que acontece com a economia real: o otimismo auto-impulsionado pela especulação havia feito com que as cotações descolassem da lucratividade das empresas produtivas. A crise é fundamentalmente o "momento da verdade", em que os operadores se tornam conscientes de que a riqueza financeira que haviam gerado era meramente virtual, pois dependia unicamente de expectativas que nada tinham a ver com produção, distribuição e consumo de bens e serviços.

Só que a crise ultrapassa este momento da verdade ao engendrar um pânico que tão pouco tem a ver com a economia real. O pânico decorre do fato de que muitos dos operadores tomaram empréstimos que só poderiam pagar se a bolha continuasse. Tão logo ela estoura, eles ficam inadimplentes, obrigados a vender a qualquer preço os ativos de que dispõem, para tentar pagar suas dívidas. Como muitos precisam vender mas quase ninguém deseja comprar, a riqueza financeira se contrai fulminantemente, sem qualquer consideração pelo que esteja acontecendo com a economia real.

A crise atinge não só quem especulou mas também quem financiou a especulação. Os bancos costumam emprestar aos operadores do mercado financeiro e quando a riqueza financeira entra em autovalorização os bancos ganham muito dinheiro porque aumenta o valor dos empréstimos, garantidos pelos próprios títulos que eles ajudam a adquirir. Tangidos pela ganância, os bancos entram indiretamente na especulação, ao dar empréstimos para operações cada vez mais alavancadas. Se antes os operadores tinham de ter, digamos, um quinto do valor dos títulos, recebendo os quatro quintos restantes do banco, depois basta que eles tenham um décimo e mais adiante quem sabe apenas um vigésimo do valor dos títulos comprados.

É claro que quando a crise estoura, o valor dos títulos despenca assim como a capacidade dos prestatários de cumprir suas obrigações financeiras. Uma parte substancial das perdas dos especuladores é desta forma repassada aos bancos. Estes naturalmente também deixam de poder honrar os compromissos com seus depositantes, o que faz com que a crise financeira contamine cada vez mais a economia real. Os bancos ilíqüidos sofrem corridas para saques e são obrigados a fechar, outros bancos que não se tornaram ilíqüidos no primeiro momento são contagiados pela desconfiança dos depositantes, sofrem corridas e têm de fechar também. É o famoso "efeito dominó": a primeira pedra que cai derruba a seguinte, que derruba a seguinte etc. até que todas estão no chão. Alcança-se assim o auge da crise financeira, quando passa a reinar o pânico e o sistema financeiro inteiro entra em colapso, a não ser que haja alguma intervenção salvadora da autoridade monetária.

RESUMO DAS IDÉIAS PRINCIPAIS

Os mercados financeiros entram em crise quando o pessimismo passa a prevalecer a ponto de a oferta de ativos ultrapassar de longe a sua demanda, o que acarreta a desvalorização crescente de todos os ativos financeiros. No auge da crise, grande parte dos ativos nada vale e os detentores de riqueza querem conservá-la sob a forma de moeda ou de bens reais.

Como os ativos transacionados em mercados financeiros não são mercadorias, eles não têm valor de uso e seu valor de troca (cotação) depende essencialmente da avaliação subjetiva da credibilidade do seu emissor. Neste sentido, a avaliação de um ativo financeiro é uma aposta sobre eventos sujeitos às leis do acaso. Ante cada ativo financeiro, os agentes se dividem em pessimistas, que querem se livrar dele, pondo-o à venda, e otimistas, que querem mais dele, comprando-o.

A maior parte das apostas nos mercados financeiros é sobre a futura lucratividade das empresas, a futura evolução das taxas de juros e das taxas de câmbio de diferentes moedas nacionais. O valor de ações e títulos de débito cotados em diferentes moedas é determinado a cada momento pela relação entre oferta e demanda, isto é, pessimistas e otimistas.

A riqueza financeira duma cidade, região ou país é a soma das cotações dos ativos financeiros transacionados no mercado financeiro que abarca o referido território. Uma parte dos ativos financeiros se origina de empréstimos destinados a financiar operações de compra e venda na economia real. O otimismo e o pessimismo em relação a ativos financeiros estão ancorados em expectativas sobre o sucesso ou fracasso das operações econômicas reais, que de certa forma a lastreiam.

Quando o mercado financeiro está em condições normais, a divisão entre pessimistas e otimistas é equilibrada e as cotações oscilam moderadamente, em função das notícias econômicas e políticas que afetam as expectativas sobre certos tipos de ativos. Em geral, só estes é que são transacionados. Os demais continuam nas mesmas mãos.

As notícias que afetam a maioria dos agentes e não apenas os possuidores de certos tipos de ativos são as políticas. Se estas são positivas, isto é, favoráveis ao que os detentores de riqueza entendem ser um "bom" governo, o otimismo cresce, a procura por ativos aumenta e a oferta dos mesmos diminui, o que eleva as cotações. Começa a operar a reflexividade: os que compraram tiveram ganhos, os que venderam sofreram perdas. No momento seguinte, o otimismo ganha novos adeptos, o pessimismo os perde.

A autovalorização pode prosseguir por algum tempo. Cresce a riqueza financeira da cidade, do país ou do mundo, dependendo da interligação dos mercados financeiros. Os patamares cada vez mais altos atingidos pela riqueza financeira superam rapidamente a lucratividade futura possível das empresas, da qual a riqueza financeira deveria ser mero reflexo.

A visão neoclássica do mercado financeiro é outra: parte da idéia de que os operadores são racionais, formam expectativas sobre dados confiáveis e por isso elas tendem a convergir, aproximando otimistas e pessimistas.

O mercado tende sempre ao equilíbrio, as cotações oscilam cada vez menos, diminuem os ativos transacionados. É impossível reconciliar esta visão com o comportamento real dos mercados financeiros.

A autovalorização dos ativos financeiros forma uma bolha destinada a estourar.

Os especuladores mais experientes sabem disso, mas não deixam de alimentá-la ao comprar mais títulos. É que o momento em que se dará o estouro é imprevisível e enquanto ele não acontece os operadores ganham muito dinheiro. Por isso, o ciclo de alta vertiginosa e crise se repete há séculos, sem que a racionalidade dos especuladores possa preveni-lo.

A bolha é mantida no alto pelo dinheiro novo que é atraído pela especulação financeira. Mas em algum momento o dinheiro novo acaba e por falta de demanda a cotação dos títulos começa a cair. Neste momento fica claro que as cotações estão muito mais altas do que expectativas racionais de lucratividade das empresas justificariam. O pessimismo se alastra, o otimismo acaba, só há oferta e quase nenhuma procura, as cotações desabam, muitas a zero.

O pânico dos especuladores impede que a queda das cotações se detenha em um nível compatível com expectativas racionais. A compra de títulos a crédito, amplamente praticada, deixa enormes débitos impagáveis. As cotações agora descolam da economia real pelo outro lado. Muitos ativos ficam baratos, mas mesmo assim ninguém quer comprá-los, pois em pouco tempo estarão mais baratos ainda.

A crise financeira atinge sobretudo bancos e outros intermediários financeiros, cujo capital próprio é devorado pelos débitos incobráveis de especuladores e por isso quebram. O colapso da banca afeta a economia real, pois seus agentes são depositantes e perdem suas reservas líqüidas. Se a autoridade monetária não intervier para salvar o sistema bancário, a crise financeira desencadeará uma crise econômica.

2. O controle da crise financeira pela autoridade monetária

Se o pânico financeiro não é contido rapidamente, a crise atinge plenamente a economia real. A ruína dos bancos arrasta consigo muitas empresas não financeiras que perdem seus depósitos. E a falência destas empresas impõe perdas a seus credores não financeiros, por exemplo, a seus fornecedores, parte dos quais quebra também. A espiral de falências faz com que uma crescente quantidade de trabalhadores perca os empregos. A demanda efetiva cai, não só pelas perdas reais já verificadas mas também pelo medo das que estão por vir. Assalariados que temem perder os empregos restringem os gastos ao indispensável, o que priva a economia duma parte da demanda de consumo, fazendo com que fábricas e lojas deixem de vender grande parte das mercadorias que ofertam.

A experiência histórica mostra que pânicos financeiros detonam crises econômicas e as economias atingidas costumam cair em depressão, que pode durar anos. Foi para evitar que isso aconteça que se inventou o banco central, como vimos no capítulo 2 da segunda parte. Em tese, o banco central deveria evitar as crises financeiras, impedindo que se formem bolhas especulativas ou no mínimo impedindo que elas cresçam exageradamente. Na realidade, ele carece de instrumentos para intervir na bolsa de valores, que costuma ser o epicentro da especulação. O máximo que ele pode fazer é restringir o crédito, impedindo que os bancos ampliem o financiamento à aquisição de ativos, além de restringir a entrada de capitais externos diretamente nos mercados financeiros, o que desaceleraria o processo de autovalorização da riqueza financeira.

A possibilidade do banco central intervir mais energicamente contra a especulação financeira é no mais das vezes muito debilitada porque a especulação (enquanto dura) é extremamente

133

popular, pois oferece a uma parte da população a ilusão do enriquecimento rápido e sem sacrifício. Durante o *boom*, os gastos dos consumidores aumentam, o que faz crescer a produção e o emprego, beneficiando politicamente o governo. O aparente bom desempenho da economia é praticamente sempre creditado ao governo e este tende a fazer de tudo para impedir que o banco central atue como estraga-prazeres.

Assim se explica o paradoxo da perene repetição das crises financeiras, apesar de bem conhecido o mecanismo que as condiciona. Se o governo e a autoridade monetária se limitam a fazer política dentro dos cânones neoliberais, eles estão impossibilitados de prevenir efetivamente a eclosão das crises porque não dispõem de instrumentos para cortar a expansão das bolhas especulativas. Na época em que a maioria dos governos capitalistas seguia o receituário keynesiano — que abrange as três décadas após o fim da Segunda Guerra Mundial — praticamente não houve crises financeiras de monta porque a movimentação das aplicações estava sujeita a controles relativamente rígidos das autoridades monetárias.

A intermediação financeira estava legalmente compartimentada em segmentos especializados: bancos comerciais que recebiam depósitos à vista e a prazos curtos e os aplicavam ao desconto de duplicatas, com vencimentos de poucos meses; bancos de investimentos que captavam depósitos de prazos médios e longos e os aplicavam no financiamento de investimentos produtivos de empresas industriais, comerciais, agrícolas etc.; companhias financeiras, que captavam recursos vendendo letras de câmbio e aplicavam os recursos no financiamento de vendas a prazo de bens duráveis; bancos hipotecários ou caixas econômicas, que captavam depósitos de longo prazo e financiavam a venda de habitações também a longo prazo e assim por diante. O financiamento de operações especulativas em bolsas era restrito pelos regulamentos que selecionavam o crédito e o canalizavam por intermédio de instituições especializadas.

A prevenção das crises financeiras era viável porque ela se limitava ao plano financeiro, sem afetar o crescimento da economia real, que na época keynesiana (1936-76) foi mais intenso do que nunca, antes e depois. A restrição ao financiamento da especulação não atingia o crédito à atividade comercial, ao investimento produtivo, à agricultura etc. Sem a compartimentação dos intermediários financeiros, esta limitação ao crescimento das bolhas atingiria toda a atividade produtiva e seria extremamente impopular. Uma das limitações à especulação era a política de juros baixos, preconizada por Keynes para viabilizar elevado nível de inversão, que ele julgava necessário para absorver a parcela poupada da renda. Quando a taxa de juros é reduzida, a expectativa de retorno dos investimentos produtivos também é baixa, o que desencoraja a especulação com ações. No período em questão, houve bolhas especulativas e minicrises, mas de dimensões muito restritas. Isso se deveu não só às medidas impeditivas do crescimento das altas mas também a medidas de resgate efetivas quando as altas cediam vez ao pessimismo. Os bancos centrais tinham condições de cumprir seu papel de prestamistas de última instância porque o comprometimento dos bancos com a especulação financeira era bastante limitado. Bancarrotas de grandes instituições bancárias quase nunca ocorriam, o que impedia a propagação da crise do âmbito financeiro à economia real.

Tudo isso mudou com a desregulamentação financeira, induzida pela globalização financeira, analisada antes (capítulo 7 da segunda parte). Para começar, a compartimentação funcional dos intermediários financeiros foi revogada, o que permitiu a formação de conglomerados financeiros — grandes grupos que englobam bancos comerciais, de investimento, hipotecários, corretoras, companhias de seguro e assim por diante. Estes conglomerados são tão vastos que podem praticar a transformação de prazos e de riscos (capítulo 6 da primeira parte) dentro deles. O banco comercial capta depósitos à vista e compra com o dinheiro depositado certificados de depósito do banco de investimento ou do banco hipotecário; estes últimos podem aplicar os recursos financiando inversões reais em empresas ou construções imobiliárias, mas podem também adquirir ações (via corretora) ou financiar operações em bolsas e outros mercados de dinheiro.

Esta promiscuidade entre formas distintas de intermediação torna impossível ao banco central coibir o financiamento à especulação sem restringir o crédito em geral, provocando a elevação de todo o complexo das taxas de juros. Isto significa que, atualmente, quando a bolha especulativa atinge dimensões deveras perigosas, como vem acontecendo na Bolsa de Valores de Nova York, a única coisa que o banco central pode fazer é cortar o crédito a todos os agentes econômicos, especuladores e investidores, na esperança de estourar a bolha antes que ela se torne demasiada, mas lançando ao mesmo tempo a economia real em recessão. O que é no mínimo uma operação arriscada, pois ela antecipa a crise financeira e econômica que, no caso, é uma forte probabilidade, mas não uma certeza.

Além disso, a ação preventiva do banco central é inibida pelo predomínio ideológico do neoliberalismo, que condena em princípio a intervenção do Estado no funcionamento da economia, inclusive dos mercados financeiros. Como vimos, de acordo com esta ideologia, qualquer que seja o tamanho de riqueza virtual, gerada pela especulação financeira, ela sempre "representa" a riqueza real gerada. pelas atividades econômicas. E se o otimismo de repente se transforma em pessimismo, fazendo com que a riqueza financeira se contraia violentamente — como vem acontecendo seguidas vezes, em diferentes países, nos últimos anos — isso se deve não à reflexividade, mas a erros ou falhas que podem sempre ser atribuídos ao estado: condução errática da política monetária, carga fiscal excessiva sobre as empresas privadas, "gastança" pública estimulada pela propensão dos políticos em favorecer interesses particulares etc. etc.

No mundo da globalização financeira, a crise pode ser considerada endêmica, no sentido de que ela está sempre presente em alguma parte. A derrubada dos controles nacionais à movimentação dos capitais de curto prazo está dando lugar a um vasto mercado financeiro internacional, constituído pela somatória de mais de 180 mercados nacionais. Uma grande parte destes 180 mercados está efetivamente fundida, no sentido de que os capitais privados têm plena liberdade de passar de um mercado a outro, de uma moeda nacional a outra, de um ativo financeiro a outro, sem qualquer empecilho. Uma parte menor de mercados nacionais (entre os quais se encontra o Brasil) ainda retém controles residuais sobre a movimentação de valores sobre as fronteiras nacionais, sendo muito variáveis o caráter e o alcance destes controles impostos pelos diversos governos nacionais.

Apesar de tudo isso, a tão temida crise financeira internacional não se verificou e não é muito provável que ela venha acontecer, ao menos enquanto o mercado financeiro internacional mantiver estas características. A crise financeira não atinge o mercado internacional todo porque suas conseqüências em nível nacional são limitadas por operações de resgate, que até o momento têm sido relativamente eficientes. O mecanismo de contenção das crises financeiras é formalmente comandado pelo FMI, tendo por coadjuvantes o Banco Mundial, o BIS [Bank of International Settlements] que é o banco central dos bancos centrais, com sede em Basiléia (Suíça), o Banco Interamericano de Desenvolvimento e os bancos centrais dos EUA, do Japão e de outros países do G-7, os sete países de maior PIB do mundo.

Esta coligação informal de entidades financeiras públicas multilaterais e nacionais usa o FMI como braço interventor na economia que está em crise. Como vimos (capítulo 6 da segunda parte), o FMI dispõe duma técnica de contenção de crises que consiste essencialmente numa barganha com o governo do país em crise de fuga de capitais, que é a forma dominante que a crise financeira assume atualmente. Em troca da promessa, por parte do governo, de levar a cabo um programa chamado de "ajuste estrutural", o FMI monta um pacote de empréstimos, suficiente para evitar uma declaração unilateral de moratória. Completada a barganha, o governo assistido passa a dispor de recursos em moeda forte para cumprir seus compromissos de curto prazo, o que impede que a crise atinja os bancos globalizados.

O "ajuste estrutural", como vimos acima, se destina a habilitar a economia assistida a reequilibrar suas contas externas, dentro dos cânones do neoliberalismo. A eficácia do ajuste, no sentido de que atinja seus objetivos, é muito discutível; mas ele tem a imensa vantagem, do ponto de vista não só da coligação financiadora do pacote como também dos administradores do capital globalizado, de que serve para restaurar a confiança no país em crise. O que deveria, em princípio, reverter a fuga de capitais, trazendo-os de volta e assim resolver a contento a crise.

Em geral, esta técnica de resgate tem dado certo, embora à custa duma forte recessão na economia em processo de ajustamento. O primeiro país assistido (depois de superada a crise generalizada das dívidas externas) foi o México, em 1994. O país sofreu forte fuga de capitais no fim de 1994, que no início de 1995 se estendeu à Argentina. Os dois países foram submetidos a uma ajuste estrutural severo, que fez com que em 1995 o PIB caísse 6,6% no México e 4,6% na Argentina. A fuga de capitais atingiu em março/abril de 1995 o Brasil, o que fez com que nosso governo também se ajustasse, cortando fundo o crédito e elevando a taxa de juros. O crescimento do PIB brasileiro caiu de 5,7% em 1994 para 3,9% em 1995 e para 3,0 em 1996*.

Em linhas gerais o que aconteceu com as três maiores economias latino-americanas foi o seguinte: México e Argentina sofreram recessão profunda mas limitada a algo como um ano, em 1995; com a volta dos capitais globalizados, a crise financeira foi superada, o que permitiu a ambos os países tornar a crescer em 1996: o PIB mexicano cresceu 4,5% e o da Argentina 3,5% (mesma fonte dos dados acima). Nos dois casos, o PIB em 1996 não logrou voltar ao nível de antes da crise e as seqüelas sociais da crise, em termos de perdas salariais e de empobrecimento em massa, não foram superadas até hoje. A Argentina teve crescimento econômico apreciável até 1998, mas em 1999 voltou a sofrer forte recessão. A economia brasileira teve crescimento medíocre, mas não negativo, em 1995, 1996 e 1997, porém voltou a sofrer fugas de capitais (outubro de 1997 e setembro de 1998). Estas duas crises financeiras obrigaram o governo a adotar novos ajustes, que resultaram em recessões quase contínuas, com crescimento zero em 1998 e provavelmente também em 1999.

O ocorrido com as três maiores economias da América Latina em 1994-96 repetiu-se em 1997-98 no Sudeste asiático: a crise financeira atingiu em julho de 1997 a Tailândia, alastrando-se quase em seguida para Malásia, Filipinas e Indonésia. A fuga de capitais atingiu a Coréia do Sul, Hong Kong (e o Brasil) em outubro de 1997. Em todos estes países, a técnica de resgate aplicada foi a mesma: apelo à assistência do FMI, o qual foi atendido

---

* Dados da tabela 4 de UNCTAD, *Trade and Development Report, 1997*, Geneva and NY, UN. Revisão mais recente das contas nacionais pelo IBGE registra os seguintes dados de crescimento do PIB real: 5,85% em 1994, 4,22% em 1995 e 2,76% em 1996. (*Indicadores DIESP 73*, julho/agosto 1999).

mediante a montagem de pacotes de empréstimos, financiados pela coligação encabeçada pelo FMI. Os países assistidos submeteram-se a ajustes estruturais, suas economias foram lançadas em recessões profundas. De acordo com *The Economist* (abril 10-16, 1999), em 1998 registraram-se as seguintes quedas do PIB: Indonésia — 13,9%; Malásia — 8,1%; Tailândia — 8,0%; Hong Kong — 5,7%; Coréia do Sul — 5,3%; Filipinas — 1,9%. E a crise atingiu também vários países latino-americanos, que registraram perdas do PIB em 1998: Venezuela — 8,2%; Colômbia — 5,0%; Chile — 2,8%. E o mesmo ocorreu na Europa Oriental: Rússia — 4,6%; República Tcheca — 4,1%.

Embora as variações do PIB estejam longe de indicar os efeitos sociais do crescimento econômico, não cabe dúvida de que quedas violentas do produto social, como as registradas pelo México em 1995 e pela Indonésia, Malásia, Venezuela, Tailândia, Hong Kong, Coréia do Sul e Colômbia em 1998, têm conseqüências catastróficas em termos de alastramento e aprofundamento da pobreza, desemprego e exclusão social. É possível dizer do ajuste estrutural imposto a todos estes países que ele foi exitoso porque a recessão é de duração relativamente curta; ao cabo de cerca de um ano, a economia volta a crescer e os capitais globalizados começam a vir. As diversas economias asiáticas, alcançadas pela crise no segundo semestre de 1997, retomaram o crescimento no início de 1999.

Para que houvesse uma crise financeira mundial seria preciso que ela alcançasse o Primeiro Mundo. O único país desenvolvido que realmente está em depressão prolongada é o Japão e certamente não devido à fuga de capitais. Todos os demais continuam crescendo economicamente, a taxas moderadas. As grandes quedas de demanda por importações, como resultado dos ajustes, nos países do Sudeste asiático e em vários da América Latina não chegaram a afetar o comércio internacional e muito menos tiveram peso para acarretar uma queda da demanda efetiva mundial. Convém lembrar que, além do Primeiro Mundo, também escaparam da crise, mantendo elevadas taxas de crescimento, a China, a Índia e Taiwan entre outros países.

RESUMO DAS IDÉIAS PRINCIPAIS

A crise econômica, resultante da desvalorização fulminante da riqueza financeira, expande-se por impulso próprio. As empresas que falem não pagam seus débitos com fornecedores, alguns dos quais também vêm a falir. Os empregados despedidos reduzem o seu consumo e os que temem vir a ficar desempregados fazem o mesmo. Isso obriga novas empresas a cortar produção e emprego e parte delas também fecha. Assim, a crise se difunde e amplia. É desse modo que uma economia afunda na crise. Em algum momento, ela volta a emergir mas ninguém sabe quando. A crise pode dar lugar a longa depressão. Para evitar isso, espera-se que a autoridade monetária possa prevenir a crise financeira.

O banco central não intervém no mercado financeiro e não pode impedir que se produzam bolhas especulativas, a não ser pela limitação do crédito a operações financeiras. Mesmo assim, na era keynesiana que se seguiu à desastrosa crise dos anos de 1930, o controle eficaz da autoridade monetária sobre a atividade especulativa evitou a ocorrência de crises financeiras graves por cerca de três décadas.

Isso foi possível porque o sistema bancário foi compartimentado, separando o financiamento de atividades produtivas e do consumo do financiamento das operações financeiras. Assim, era possível restringir o último sem afetar negativamente o crédito para a economia real.

A política keynesiana mantinha juros baixos para a economia real e restringia o envolvimento dos bancos na especulação financeira. Assim, foi possível limitar o alcance das altas e baixas da riqueza financeira e impedir que contaminassem a economia real. Os bancos em dificuldades podiam ser socorridos pelo banco central porque nem o seu número nem os recursos demandados eram grandes.

A desregulação financeira corrói a compartimentação do sistema bancário e permite a formação de conglomerados financeiros, tão vastos que podem praticar a transformação de prazos e de riscos dentro deles. Resulta daí que se tornou impossível à autoridade monetária coibir a especulação financeira sem atingir a economia real. Ela pode elevar o piso da taxa de juros para todas as atividades, na esperança de brecar a bolha antes que ela se torne grande demais.

Só que esta política torna-se duplamente impopular, pois além de cortar a alta dos ativos financeiros também corta consumo e inversões, provocando recessão e desemprego. O *boom* é em geral muito popular, muitos se sentem mais ricos pela alta de sua carteira de aplicações, a economia real é estimulada, a popularidade do governo sobe.

Na era neoliberal, crises financeiras nacionais tornaram-se endêmicas. Elas afetam determinadas nações, sobretudo as semidesenvolvidas, que abrem seus mercados financeiros aos capitais externos, atraindo-os mediante altas taxas de juros. Quando a bolha estoura, a intermediação financeira globalizada fica atolada em créditos incobráveis. Seu eventual colapso levaria a crise financeira aos países centrais.

Mas a herança institucional da era keynesiana foi mantida e até aperfeiçoada para evitar este risco. A intervenção do FMI, do BIS, do Banco Mundial etc., puxando atrás de si renegociações "forçadas" das dívidas vencidas com a banca privada global, teve sucesso até agora em evitar que crises financeiras nacionais e regionais contaminem os países mais ricos.

A liqüidação das crises financeiras nacionais conseguiu evitar (até agora) que o mundo mergulhe em nova crise financeira e depressão, como nos 1930. Mas os países diretamente atingidos da semiperiferia sofreram crises e recessões profundas. A continuidade do crescimento do Primeiro Mundo, porém, tem permitido abreviar as crises e recessões nos países "emergentes", que em um a dois anos voltam a se recuperar.

3. Reforma financeira ou como construir um sistema financeiro seguro

Como vimos no primeiro capítulo desta terceira parte, a crise financeira é essencialmente a desvalorização acelerada dos ativos financeiros, provocada pelo "pânico", ou seja, pela perda súbita da credibilidade dos que emitiram os ativos financeiros e devem honrá-los no futuro. Colocada assim, a crise parece ser um fenômeno inevitável como decorrência do risco, que (como visto na primeira parte) é inerente às finanças. Os ativos financeiros são contratos de empréstimo cujo cumprimento depende da evolução da economia real — da produção, distribuição e consumo de bens e serviços. Portanto, o risco financeiro decorre, em última instância, do fato de que a economia capitalista é descentralizada e competitiva, e por isso mesmo imprevisível.

Convém precisar esta idéia. No capitalismo, a produção social é realizada em incontáveis unidades chamadas "empresas", que são propriedade particular de capitalistas, os quais têm ampla liberdade de tomada de decisões do que produzir, quanto, quando e como, sempre visando a máxima taxa de lucro sobre o capital investido. As empresas interagem em mercados e seus dirigentes não revelam aos concorrentes suas intenções e planos, porque — se o fizessem — arriscar-se-iam a serem superados pelos mesmos. Ora, como as empresas são todas interdependentes, enquanto partícipes da mesma divisão social do trabalho, o chamado "segredo do negócio" as obriga a *adivinhar* os planos e intenções das outras, de modo a adaptar suas próprias ações a elas.

Uma empresa, por exemplo, que queira ampliar sua produção tem que "supor" que os seus clientes desejarão adquirir maior quantidade de produtos no futuro. Obviamente, seria racional se todas as empresas não só divulgassem seus planos mas os harmonizassem entre si, de modo a evitar desequilíbrios indesejáveis entre oferta e procura. Mas isso tornaria o mercado monopólico, pois as empresas deixariam de concorrer entre si, o que violaria um dos fundamentos do capitalismo. Sem entrar na discussão se a competição entre as empresas é uma coisa boa em si ou não, *a moral e a lei impõem, na maioria dos países, que os mercados sejam concorrenciais — e isso implica que a economia seja imprevisível.* A concorrência torna a economia real tão arriscada e especulativa quanto as finanças. O empresário capitalista, ao fazer inversões para ampliar sua produção, iniciar novas linhas de produção, desenvolver nova tecnologia ou penetrar em novos mercados, tem que fazer suposições sobre o que os outros irão fazer, de cuja veracidade ele não tem qualquer noção. Ele sabe que ao agir ele se expõe ao risco de partir de pressupostos errados. O que equivale a dizer que ele *especula*. No fundo, o que expusemos (no capítulo 4 da primeira parte) sobre a especulação financeira aplica-se também à especulação real.

Vimos lá que "a regra de ouro da especulação financeira [é] *adivinhar para onde caminha a maioria dos agentes financeiros e se possível chegar lá antes".* O mesmo vale, *mutatis mutandi*, para os agentes reais. Se um industrial, por exemplo, adivinhar que os seus concorrentes vão lançar um produto mais aperfeiçoado ou que eles vão adotar uma técnica mais avançada etc., ele tratará de antecipá-los. O risco naturalmente é que ele se engane, que na realidade os juros vão aumentar e a demanda vai ser cortada, o que desaconselha novas inversões. Se ele tiver se endividado para atender a uma demanda maior ou mais exigente, quando os demais cuidaram de pagar suas dívidas e cortar despesas, o erro pode lhe ser fatal.

Não se trata de adivinhar para onde vão apenas os concorrentes mas o conjunto da economia. O que reproduz no plano da economia real a divisão entre otimistas e pessimistas que descrevemos em relação ao mercado financeiro. Na verdade, o paralelismo entre os dois mercados decorre do fato de que grande parte dos agentes que especulam em um também especula no outro. Todos os capitalistas envolvidos na economia real, isto é, na produção e distribuição de valores de uso, também necessariamente participam do mercado financeiro, pois lá aplicam suas reservas líqüidas e de lá extraem empréstimos de curto prazo (para capital de giro) e de longo prazo (para capital fixo).

As ondas de otimismo e de pessimismo se apoderam da economia real ao mesmo tempo que dominam o mercado financeiro. A diferença é que, graças à alavancagem (vide capítulo 6 da primeira parte), o efeito destas ondas no mercado financeiro é muito mais forte e mais rápido do que na economia real. Quando reina o otimismo, os capitalistas ampliam seus investimentos na economia real, mas o fazem gradativamente porque a produção de novos meios de produção sempre leva tempo; se a nova capacidade produtiva incorpora avanços tecnológicos, como quase sempre acontece, o ritmo da expansão é ainda menor porque é preciso mais tempo para que a nova técnica seja assimilada pelos que devem operar com ela.

Mas no mercado financeiro o otimismo tem efeitos mais rápidos e poderosos. Usando o crédito, os especuladores correm à compra de ações e títulos, cujas cotações sobem depressa, atraindo mais capitais especulativos. O mercado financeiro atua como um espelho deformante da economia real. *Ele antecipa e exagera o movimento da economia real, o qual é acelerado pelo* boom *financeiro*. O mesmo se observa quando reina o pessimismo. Na economia real, os capitalistas se retraem, cortam planos de investimento, reduzem estoques, deixam de preencher vagas no quadro de pessoal. No mercado financeiro, o pessimismo desencadeia a desvalorização dos ativos, provocando pânico, que por sua vez leva a desvalorização dos ativos ao extremo. A riqueza fictícia é queimada, o que reage sobre a economia real mediante a queda da demanda por bens e serviços.

O mercado financeiro, desregulado em função do neoliberalismo e da globalização, torna-se extremamente volátil e transmite esta sua volatilidade à economia real. É como se esta tomasse um excitante cada vez que desperta e um tranqüilizante quando começa a cair em torpor. Embora a economia real seja especulativa, seus operadores atuem sob incerteza e tendam a embarcar em ondas de otimismo ou de pessimismo, ela é muito menos volátil por ser grande e pesada: seus movimentos são relativamente lentos e não se auto-aceleram facilmente, pois sofrem o atrito das resistências sociais. O pessimismo dos empresários não se traduz rapidamente numa queda drástica de produção e de emprego porque há custos envolvidos na desativação de equipamento e sobretudo na demissão de pessoal. O que acelera o declínio da atividade é o pânico financeiro, sobretudo quando os mercados financeiros estão livres — não sofrem controles por parte da autoridade monetária nacional — e por isso levam rapidamente às últimas conseqüências as expectativas da maioria dos seus agentes.

Generaliza-se o reclamo por um sistema financeiro à prova de crises. Como vimos no capítulo anterior, o mais próximo que se chegou a isso foi durante a era keynesiana (1936-76), quando bancos centrais e governos nacionais regulavam fortemente as transações financeiras e mantinham controle estrito sobre a oferta de moeda escritural. A condição para tanto era a segmentação do espaço econômico global em territórios nacionais, dentro dos quais as transações tinham de ser realizadas necessariamente em moeda nacional.

Hoje esta segmentação está debilitada, mas fora dos blocos regionais — União Européia, Zona Norte Americana de Livre Comércio e Mercosul — ela ainda subsiste, embora muito atenuada, sobretudo quanto ao movimento de capitais de curto prazo. Ora, é em relação a este movimento que se está formando paulatinamente uma corrente de opinião, de peso crescente, no sentido de que sua liberação é a causa das graves crises financeiras que eclodiram na América Latina, Sudeste asiático e Oriente europeu, nos últimos anos. E que, portanto, urge colocar novamente sob controle aquele movimento.

Uma manifestação significativa desta mudança de opinião é o ressurgimento da proposta de James Tobin de que as transferências internacionais de valores sejam taxadas. Seria uma medida para reduzir a volatilidade dos capitais e que ao mesmo tempo proporcionaria fundos copiosos, que poderiam ser usados para financiar o combate à pobreza ou qualquer outra finalidade meritória. Há hoje um movimento internacional (iniciado pelo editor de *Le Monde Diplomatique*, Bernard Cassen) de luta por essa taxa e por outras medidas de controle da especulação financeira internacional.

Outra manifestação de crítica à desregulamentação financeira tem surgido no seio mesmo das grandes organizações multilaterais, ligadas à ONU, como o Banco Mundial, a UNCTAD (Conferência

145

das Nações Unidas para o Comércio e Desenvolvimento) e o Fundo Monetário Internacional. Mas nada permite crer que estes debates levarão, no futuro próximo, à construção dum novo sistema internacional de pagamentos, que instauraria regras de controle supranacional das flutuações cambiais e da movimentação internacional de valores. Ainda falta muito para que as grandes potências atinjam algum consenso neste sentido.

Opõem-se a um projeto como esse os que possuem ou gerenciam grandes empresas transnacionais e os que dirigem bancos e fundos internacionais. A desregulamentação financeira é essencial a estes interesses porque lhes assegura não só independência em relação aos governos em cujos países atuam, mas uma certa superioridade sobre eles. Estes interesses transnacionais controlam uma massa tão grande de ativos financeiros líqüidos ou quase líqüidos, que nenhum governo nacional ousaria desafiá-los sem antes fechar-lhes suas fronteiras. Por isso, o neoliberalismo atende perfeitamente a seus anseios e suas crenças e eles lutarão para preservá-lo até o último centavo.

É mais provável que alguns dos novos governos, a serem eleitos na periferia semidesenvolvida da economia mundial, tomem a iniciativa de retomar o controle do mercado cambial e do mercado financeiro, impedindo a livre circulação de valores para dentro e para fora do país. Eliminado assim o foco de instabilidade externo, a construção dum sistema de intermediação financeira razoavelmente seguro exigiria também a sua segmentação, para separar as atividades de pagamento e guarda de valores das de aplicação em ativos de risco.

Tal separação se justifica basicamente pelas diferentes demandas que uma sociedade de classe faz ao sistema financeiro. A classe trabalhadora, ou ao menos a sua maioria de baixa renda, necessita de intermediários financeiros para resguardar o valor de suas reservas líqüidas (guarda de dinheiro) e obter financiamento de aquisições de grande valor: crédito educativo, crédito imobiliário e financiamento de compras a prestações de bens duráveis. Além disso, a principal forma de aplicação de longo prazo da classe trabalhadora é a previdência social, que na maioria dos países é pública e obrigatória. Os trabalhadores de baixa renda, em geral, não se dispõem a correr riscos para maximizar seus ganhos financeiros.

Não obstante, no sistema financeiro como ele se apresenta hoje estes trabalhadores não têm alternativa, a não ser depositar seus haveres em bancos, caixas econômicas e semelhantes, privados ou privatizados. Estes intermediários aplicam os depósitos em ativos com risco, pois estes prometem rentabilidade maior, incrementando sua lucratividade. Os assalariados de renda baixa e média são obrigados a se expor a riscos, que em geral desconhecem e de cujos ganhos quase nunca se apropriam. Estão imperfeitamente protegidos — quando estão — pelo seguro de depósito, que em caso de bancarrota garante a restituição dos depósitos até um certo limite.

A classe capitalista, pelo contrário, dispõe-se a assumir riscos para obter ganhos financeiros. Ela o faz porque tem capital — em geral, recursos de valor elevado — e ela não distingue entre a aplicação do mesmo em atividade produtiva ou em ativos financeiros, mais ou menos líqüidos. É indiferente ao capitalista se o seu ganho provém duma atividade industrial, comercial etc. ou do empréstimo de parte de seu capital ao governo ou a algum fundo, banco etc. porque em todos estes casos ele corre algum risco. Como regra, a maioria dos capitalistas mantém uma carteira de aplicações composta por inversões produtivas, depósitos e/ou títulos de longo prazo, depósitos e/ou títulos de curto prazo e dinheiro. Só os últimos dois tipos de ativos dão rendimento financeiro zero ou desprezível.

Dada esta diferença entre a demanda dos ricos e dos pobres por serviços financeiros, justifica-se a separação do sistema de intermediação financeira em duas partes:

a) um sistema de depósito em princípio sem risco e sem retorno; o dinheiro depositado seria usado para financiar exclusivamente o déficit público e os juros pagos pelos cofres públicos deveriam ser suficientes para cobrir as despesas do sistema;

b) um sistema de aplicações em bancos ou fundos que sabidamente os utilizam para financiar atividades (produtivas ou não) sujeitas a risco. Os depositantes neste sistema optam conscientemente pela exposição ao risco em troca duma remuneração, sob a forma de juros.

Convém observar que o segundo sistema é necessário enquanto a economia real for competitiva e portanto enquanto o segredo do negócio prevalecer como norma. A autoridade monetária poderia oferecer aos depositantes neste sistema a possibilidade de adquirir seguro contra perda total pela bancarrota da instituição depositária. A grande vantagem desta separação seria limitar o âmbito da especulação financeira aos recursos daqueles que desejam participar dela. Os haveres da maioria trabalhadora do público estariam preservados. O que eximiria o banco central de resgatar os bancos e fundos em perigo de falir, o que hoje ele é obrigado a fazer para evitar o colapso de todo o sistema.

RESUMO DAS IDÉIAS PRINCIPAIS

O risco financeiro em economias capitalistas não pode ser eliminado porque decorre da imprevisibilidade da economia real, causada pelo fato dela ser descentralizada e competitiva. Os capitalistas dirigem suas empresas livremente e para não serem superados pelos concorrentes guardam o segredo do negócio: não divulgam os seus planos, ainda que para serem bem-sucedidos dependam de sua relativa harmonia com os planos de empresas competidoras e complementares.

No capitalismo, a lei e a moral impõem que os mercados sejam competitivos e, portanto, que o futuro da economia seja imprevisível. Ignorando o que as outras empresas farão, ao capitalista não resta outra coisa que especular, ou seja, agir com base em expectativas subjetivas. Por isso, a economia real está sujeita a ondas de otimismo e de pessimismo, de modo análogo aos mercados financeiros.

A economia real e os mercados financeiros têm em seu seio os mesmos agentes e se sujeitam às mesmas ondas de otimismo e de pessimismo. Mas a alavancagem torna estas ondas de propagação muito mais rápidas e maiores nos mercados financeiros do que na economia real. O mercado financeiro atua como espelho deformante da economia real. Nesta, as reações às ondas são retidas e limitadas porque leva tempo tanto expandir como desativar a capacidade produtiva.

Na era keynesiana, as fases de alta e baixa da economia real eram de certa forma contidas pelo controle da autoridade monetária sobre a especulação financeira. Os mercados financeiros ficavam impedidos de captar e devolver com força redobrada as oscilações de conjuntura da economia real.

Na era neoliberal, os mercados financeiros estão liberados e abertos a ondas provenientes de sua própria economia real e do exterior. A volatilidade da riqueza financeira retransmite o seu movimento aos mercados financeiros de outros países e à sua própria economia real. Nas economias mais abertas e com maior presença do capital globalizado, o ciclo de conjuntura se acentua muito.

Por isso, generaliza-se o clamor pela reestruturação do sistema financeiro internacional e a instauração de regras e controles da movimentação do capital de curto prazo. Um movimento, cujo crescimento muito rápido é significativo, é o criado pelo editor do *Le Monde Diplomatique*, pela adoção de um imposto sobre a movimentação de valores sobre fronteiras, cuja receita poderia servir ao combate à pobreza.

As doutrinas neoliberais estão sendo mais criticadas e um debate novo começou nas entidades multilaterais sobre a desregulação financeira. Mas por enquanto as idéias que surgiram estão longe de formar um projeto viável para um novo sistema internacional de pagamentos. Será necessário superar a oposição dos dirigentes das transnacionais e da banca globalizada, que não querem abrir mão das vantagens que a liberdade de movimentar valores sobre fronteiras lhes confere ante os governos dos países em que operam.

É mais provável que a construção de sistemas financeiros mais seguros se inicie no plano nacional, talvez por iniciativa de novos governos a serem eleitos na periferia semidesenvolvida. O ponto de partida seria um mercado cambial controlado pelo banco central, com a entrada e saída de capitais sujeitas à autorização do mesmo. E a separação da intermediação financeira em um segmento de instituições que emitem meios de pagamentos e guardam valores e um outro de instituições que operam com ativos de risco.

O primeiro segmento deveria atender basicamente as demandas por serviços financeiros da classe trabalhadora: contas de depósitos que não precisam render juros, desde que preservem o valor real dos saldos; e instrumentos de pagamento, como cheques ou cartões de crédito. Como o trabalhador não visa rendimentos financeiros, seus depósitos não deveriam estar sujeitos a qualquer risco. Os ativos, neste segmento, seriam aplicados provavelmente na dívida pública, cujos juros deveriam servir para cobrir os custos da intermediação.

O segundo segmento cumpriria as funções do sistema atual, oferecendo ao público de rendas alta e média opções de aplicação de risco e formando cadeias de transformação de prazos e de riscos. Atenderia sobretudo a demanda por financiamento das empresas e ofereceria oportunidades de especulação a quem as quisesse.

4. Um sistema financeiro para os pobres

O sistema bancário surgiu (como vimos no capítulo 1 da segunda parte) basicamente para atender as necessidades dos governos e dos grandes empresários. Aos poucos ele foi se expandindo e se tornando um sistema público, voltado também para as pequenas e médias empresas e para os trabalhadores de renda média. O público de baixa renda definitivamente é incompatível com os interesses e a lógica da banca privada. O valor de seus depósitos passivos e ativos é insuficiente para que o *spread** entre a taxa de juros ativa e passiva possa cobrir os custos de seu processamento. Tais custos consistem na manutenção de agência, no pagamento de funcionários etc. e só são cobertos por operações de determinado valor mínimo para cima.

Por isso, para se abrir uma conta num banco, este exige um depósito inicial mínimo e a comprovação duma renda mínima. A demanda de serviços financeiros dos pobres tem de ser satisfeita por usurários, por instituições religiosas (como os montepios) ou por instituições especializadas. Estas últimas são muitas vezes públicas, tomando a forma no Brasil das tradicionais caixas econômicas ou das cadernetas de poupança. Os muito pobres, no entanto, não conseguem sequer utilizar estas instituições e ficam mesmo à mercê dos agiotas.

Desde o século passado, os camponeses e os artesãos europeus criaram suas próprias entidades financeiras, que são as cooperativas de crédito. Estas são possuídas e dirigidas pelos seus depositantes ou por pessoas eleitas por eles. A cooperativa de

---

* Spread é a diferença entre a taxa de juros que o banco cobra de seus prestatários e a que ele paga aos seus prestamistas (depositantes). Quanto maior o spread, tanto maior a receita bruta do banco.

crédito é essencialmente uma entidade comunitária, ou seja, ela está a serviço duma comunidade formada pelos habitantes dum povoado ou dum bairro ou pelos empregados duma firma, universidade, repartição pública etc. A cooperativa exige que os seus sócios se conheçam e confiem uns nos outros. Esta confiança é fundamental pois os pobres têm poupanças parcas e que são de enorme importância para eles. Ao depositar suas economias na cooperativa, cada sócio as disponibiliza a outros sócios, tendo em vista financiar suas atividades. A cooperativa tende, portanto, a emprestar os fundos depositados aos próprios sócios. Como estes se conhecem e sabem que merecem confiança, o risco financeiro é reduzido ao mínimo.

A cooperativa de crédito está muitas vezes ligada a outras formas de cooperação. As cooperativas agrícolas, por exemplo, permitem aos camponeses comprar em conjunto tratores, fertilizantes, animais etc. e vender em conjunto suas safras. Os sócios e algumas vezes também os dirigentes das cooperativas de crédito e agrícolas tendem a ser os mesmos, o que torna o risco financeiro no mínimo bem conhecido e por isso mais controlável, pois os prestatários realizam atividades muito semelhantes aos dos depositantes. Algo muito semelhante ocorre com cooperativas de crédito urbanas que se ligam a cooperativas de habitação, tendo as mesmas pessoas como sócias. Os depósitos na cooperativa de crédito se destinam a financiar a construção residencial desenvolvida pela cooperativa de habitação.

Nestes casos todos, pessoas de renda modesta juntam suas economias num fundo rotativo, administrado sob forma cooperativa. A sua importância está no fato de que estas pessoas se beneficiam de empréstimos que jamais obteriam de bancos porque não possuem propriedades que possam oferecer como garantia. O conhecimento e a confiança mútua substituem a garantia. Os agiotas também emprestam sob confiança mas cobram juros enormes que muitas vezes quebram seus clientes, submetendo-os a uma espécie de servidão da dívida. A união solidária dos pobres preserva-os deste destino terrível. Um papel semelhante desempenha outra entidade financeira dos pobres: o seguro mútuo. Tomam esta forma entidades de benefício mútuo que em troca duma contribuição modesta prestam serviços de saúde ou cobrem prejuízos decorrentes de infortúnios como incêndios, roubos, acidentes, invalidez ou morte.

É interessante observar que em muitos países as cooperativas de crédito ultrapassam o nível local e formam cooperativas de segundo grau, que são os bancos cooperativos. Estes atingem dimensões regionais ou nacionais ou mesmo multinacionais, sendo possuídos e dirigidos pelas cooperativas (locais) de crédito ou por pessoas que elas elegem para este fim. Os bancos cooperativos podem reunir fundos ponderáveis para financiar grandes empreendimentos cooperativos: indústrias processadoras de produtos agrícolas, frotas de navios de carga para exportar e importar produtos de cooperativas, redes de lojas ou supermercados de cooperativas de consumo etc. Nestes casos, o conhecimento e a confiança mútua continuam sendo a base das transações. Os bancos cooperativos tendem a estar ligados às cooperativas agrícolas, industriais, de consumo, habitacionais, de saúde etc. que eles financiam.

Uma instituição semelhante um pouco mais recente é o Banco do Povo. O seu modelo é o Grameen Bank, de Bangladesh, fundado em 1977 por Muhammad Yunus, um professor de economia da Universidade de Chittagong. Em 1974, houve uma fome terrível em Bangladesh que matou muita gente. O espetáculo de pessoas de aspecto esquelético chegando à cidade e morrendo quietamente·nas ruas impressionou Yunus, que resolveu estudar a pobreza extrema para encontrar formas de combatê-la. Foi pesquisar uma aldeia próxima à universidade e descobriu que os mais pobres eram os que não possuíam terras e que sobreviviam produzindo objetos artesanais ou prestando serviços. Quase todos eles eram financiados por agiotas, que se apoderavam de grande parte do valor produzido pelo seu trabalho.

Entre os muito pobres, os mais miseráveis eram as mulheres, muitas abandonadas, sendo obrigadas a ver seus filhos passarem fome por falta dum capital mínimo, que em geral não passava de algumas dezenas de dólares. Yunus deu um jeito de relacionar um certo número de mulheres que poderiam melhorar muito sua renda se dispusessem dum pequeno financiamento e resolveu emprestar-lhes seu próprio dinheiro. Os resultados foram tão positivos — as mulheres melhoraram sua condição material e devolveram pontualmente as somas emprestadas — que Yunus e seus estudantes resolveram criar uma instituição de microcrédito. Por meio de muitas tentativas e erros, Yunus e seus colaboradores criaram uma instituição notável que torna o microcrédito aos mais miseráveis possível e seguro. É o grupo solidário, formado por cerca de cinco mulheres não aparentadas, que se conhecem e se confiam mutuamente. O banco empresta a uma mulher do grupo de cada vez, mas todas são avalistas. Se a devedora não puder pagar o empréstimo (em suaves prestações semanais) os outros o fazem em seu lugar, por solidariedade. Caso um empréstimo não seja pago, o grupo todo se exclui do banco. Este sistema funciona de tal forma que a inadimplência do Grameen Bank é inferior ao dos bancos comerciais, que só concedem empréstimos contra garantias reais.

Grameen Bank significa banco rural ou da aldeia. Ele não tem agências, mas agentes de crédito, que moram nas aldeias e conhecem as suas mulheres pobres. As agentes, que são empregadas regulares do banco, tem por tarefa convencer algumas destas mulheres a aceitar um pequeno empréstimo, formando com suas vizinhas ou amigas grupos solidários. O negócio começa a crescer quando as outras mulheres tomam conhecimento do aumento de renda obtido pelas mulheres que se livram da dependência do usurário. O número de grupos solidários se multiplica. Estes grupos se reúnem semanalmente com a agente de crédito, que acompanha a vida e a atividade econômica das associadas, recebe pedidos de empréstimos e os despacha na hora, sem papelada, mesmo porque a maioria das prestatárias são analfabetas.

As sócias do Grameen Bank em geral fazem programas de poupança por meio de seus grupos solidários. Quando uma sócia acabou de devolver, com juros, o empréstimo recebido ela passa a ter direito a receber outro, maior e por prazo mais dilatado. Este sistema educa as mulheres, em geral artesãs, a utilizar o crédito, cumprindo todas as cláusulas do contrato oral de financiamento. À medida que elas aumentam suas rendas, elas depositam mais no banco e este passa a dispor de mais fundos para expandir suas atividades.

No ano passado, quando o banco aldeão de Yunus completou 21 anos, ele tinha 2,4 milhões de clientes-sócios, 94% delas mulheres; empregava 12 mil agentes de crédito. O banco é uma

154

vasta cooperativa de crédito: a maior parte do capital dele pertence às clientes, que recebem os lucros do banco, provenientes dos juros pagos por elas. O modelo "banco do povo" está sendo implantado em outros países do Primeiro e do Terceiro Mundo. Na Bolívia, há um banco do povo que em poucos anos já alcançou dezenas de milhares de sócias. No Brasil, os bancos do povo são mais recentes, um dos primeiros foi criado pela prefeitura de Porto Alegre, em 1996.

Infelizmente, no Brasil, as cooperativas de crédito estão quase proibidas, tal o volume de restrições que o Banco Central impõe para autorizá-las. Da mesma forma, todos os bancos do povo em nosso país são apenas ONGs financeiras, ou seja, estão proibidos de receber depósito. Isso reduz drasticamente suas possibilidades de expansão, pois eles ficam impedidos de se expandir à base dos recursos gerados pela melhoria de rendimento possibilitado pelos seus próprios microcréditos. As cooperativas criadas por desempregados, assentados pela reforma agrária e por grupos economicamente marginalizados não tem onde se financiar porque o Banco Central defende o monopólio dos bancos na prestação de serviços financeiros. Como os bancos não atendem os pobres, o Banco Central acaba por defender o monopólio dos agiotas.

Está começando uma nova luta no Brasil, a luta pelo direito dos pobres de terem acesso a microcrédito e de formar suas próprias instituições de poupança e empréstimo. Cooperativas de crédito e bancos do povo estão se revelando como essenciais a qualquer movimento de erradicação da pobreza no Brasil.

RESUMO DAS IDÉIAS PRINCIPAIS

Os bancos comerciais surgiram para atender as empresas e as camadas de renda alta e média. Eles não atendem os pobres, pois o processamento das pequenas quantias que estes podem poupar só daria prejuízos aos bancos. Prestam serviços financeiros aos pobres, sobretudo os agiotas, em alguns casos instituições religiosas ou especializadas.

Uma destas instituições é a cooperativa de crédito, que foi inventada na Alemanha, em meados do século XIX, e hoje existem no mundo inteiro. A cooperativa de crédito é possuída pelos seus depositantes e dirigida por pessoas eleitas por eles. Ela normalmente empresta aos próprios sócios, constituindo uma espécie de consórcio de crédito rotativo. Como os sócios são muitas vezes pobres e não têm garantias a oferecer, é vital que eles pertençam à mesma comunidade, se conheçam e se confiem mutuamente.

Cooperativas de crédito se ligam freqüentemente a outros tipos de cooperativas, como as de comercialização agrícola, no campo ou habitacionais, nas cidades. Desta forma os fundos das cooperativas servem para financiar atividades econômicas de seus sócios.

Outra instituição financeira a serviço dos pobres são as associações de benefício mútuo, que seguram seus sócios contra enfermidades, velhice, invalidez etc. Também neste caso, os clientes são os donos da instituição e são eles que escolhem os administradores.

Em países em que é grande o número de cooperativas de crédito elas formam cooperativas de segundo grau, que é o banco cooperativo. Estes podem reunir fundos ponderáveis, assumindo âmbito nacional ou multinacional, podendo financiar grandes empreendimentos cooperativos como indústrias, redes de lojas ou supermercados, cooperativas de comercialização internacional etc.

Outra instituição semelhante surgiu em 1977 em Bangladesh, um dos países mais pobres do mundo. Trata-se do Grameen Bank [Banco da Aldeia] conhecido como Banco dos Pobres. Ele se volta aos mais pobres, que no caso eram as mulheres, muitas sendo viúvas, divorciadas ou abandonadas, lutando desesperadamente para criar seus filhos. Elas dependiam de agiotas para ter acesso ao pequeno capital que utilizavam. O Grameen Bank não tem agências com guichês. Seus agentes de crédito vivem nas aldeias e têm por missão organizar as mulheres em grupos solidários de pelo menos cinco. Como nenhuma tem garantias a oferecer, o empréstimo a cada uma é de responsabilidade de todas.

O banco do povo empresta pequenas quantias a prazos de alguns meses. Quando são amortizadas, a cliente passa a ter direito a um empréstimo maior e por prazo um pouco maior. E assim por diante. A inadimplência nestes bancos é menor do que nos bancos comerciais. Em 1998, o Grameen Bank tinha 2,4 milhões de clientes, que são proprietários do banco. Trata-se duma gigantesca cooperativa de crédito.

Hoje há bancos do povo no mundo inteiro, inclusive no Brasil, onde acabaram de receber sua primeira oficialização. Mas a medida provisória proíbe taxativamente que os bancos do povo recebam depósitos, o que elimina a metade dos serviços que eles deveriam prestar aos mais pobres. As restrições legais a todas as instituições financeiras criadas pelos trabalhadores, no Brasil, têm por efeito que as cooperativas que se multiplicam no país em resposta à crise do trabalho não têm onde se financiar.